U0135161

The Little Book
That
Builds
Wealth

The Knockout Formula for
Finding Great Investments

護城河投資優勢
河巴菲特獲利
城的唯一法則
護投資優勢

派特・多爾西
Pat Dorsey

黃嘉斌 譯

Contents

The Little Book
6   That Builds Wealth

前言

1984 年，當我創辦「晨星」（Morningstar），所設定的目標是要協助一般散戶投資共同基金。回顧當時，只有少數金融出版業者提供績效資料，情況大概就是如此。按照一般人負擔的起的價格，提供法人機構素質的資訊，我想我們呼應了這方面持續成長的需求。

可是，我還設定另一個目標。我想要營造一個擁有「經濟護城河」（economic moat）的事業。這是華倫・巴菲特創造的術語，是指得以保障企業、防範同業競爭的持續性優勢——就如同護城河保障城堡一樣。我在 1980 年代初得知華倫・巴菲特，並開始研究波克夏海瑟威（Berkshire Hathaway）的年度報告。巴菲特精闢地解釋了護城河概念，我認為可以運用這方面啟示協助自己創業，因此這個概念也成為晨星未來從事股票分析的

基礎。

　　成立「晨星」當時，我清楚看到市場的需求，但我希望自己所成立的事業能夠有護城河。一旦投入時間、金錢與精力，為何要看著競爭者奪走我們的客戶呢？

　　我期待成立的事業，競爭者應該難以複製。「晨星」的理想護城河包括可信賴的品牌、大型金融資料庫、專屬分析方法、整個團隊的頂尖分析人員，還有龐大而忠誠的客戶群。運用我在投資領域的背景，配合持續成長的市場需求，以及擁有寬廣護城河的事業模型──終於引領我踏上旅程。

　　過去 23 年來，「晨星」經營得相當成功。我們公司目前的年收入超過＄4 億，獲利能力在平均水準之上。我們認真擴張與加深我們的護城河，每當公司從事新投資，我們都會記住當初的目標。

　　另外，護城河概念也是「晨星」處理股票投資的基礎。我們相信投資人應該長期擁有具備寬廣經濟護城河的企業，這類企業應該可以在相當長一段期間內，賺取超額報酬──隨著時間經過，股價應該會適當反映而創造平均水準以上的獲利。這種處理方式還有額外的優點：長期持有股票，可以減少交易成本。所以，擁有寬廣護城河的企業，應該是任何人投資組合的核心標的。

　　很多投資人可能會說：「我的小舅子建議買進這支股票」或「我在《錢雜誌》看到有關這支股票的報導」。每天的價格

波動很容易造成干擾，還有專家名嘴對於短期行情擺動的各種武斷看法。最好還是有某種概念定錨，用以協助評估股票，建立理性的投資組合，這也是護城河價值珍貴之處。

護城河概念雖然是由巴菲特創造，但我們將此觀念做更進一步的延伸。我們辨識護城河的最常見屬性，譬如：高額轉換成本與經濟規模，提供這些屬性的最完整分析。投資雖然還是一門藝術，但我們希望用更科學的方法，尋找具有護城河的企業。

護城河是「晨星」股票評估系統的關鍵成份。我們擁有100多位股票分析師，涵蓋100個產業的2,000家上市公司。而股票評等主要取決於兩個因素：（1）股票低於估計合理價值的程度，（2）企業護城河的大小。每個分析師都會建構詳細的現金流量折現模型，用以估計企業的合理價值。然後，根據各位將在本書學習的技巧，分析師會點明護城河評等——寬廣、狹小或無。股價低於合理價值的程度愈大，護城河愈寬廣，「晨星」的股票評等也愈高。

我們要尋找具有護城河的企業，但也希望按照顯著低於估計合理價值的水準買進。這也是頂尖投資者的做法——譬如像巴菲特、奧克馬克基金（Oakmark Funds）的比爾・奈格倫（Bill Nygren），以及長葉基金（Longleaf Funds）的梅森・霍金斯（Mason Hawkins）。「晨星」始終運用這套方法評估眾多企業。

評估眾多企業，讓我們擁有獨特立場，並得以保有持續性

競爭優勢的素質。我們的股票分析師會定期與同事或資深人員辯論護城河，幫自己的護城河評等做辯護。護城河是「晨星」企業文化的重要部分，也是我們分析報告的軸心議題。

派特·多爾西（Pat Dorsey）是「晨星」研究部門的主管，他透過本書與各位分享我們的集體經驗，帶領各位探索「晨星」評估企業的思考程序。

派特將協助我們發展股票研究與經濟護城河評等系統。他非常精明、博學，而且經驗老到——很幸運地，他也十分擅長溝通，包括寫作與說話都是如此（各位可以常在電視上看到他）。讀者隨後會發現，他擁有一種罕見的能力，可以運用生動而充滿幽默感的方式，清楚講解投資概念。

隨後文章派特將說明，根據企業擁有的經濟護城河條件，擬定投資決策，為什麼會是明智的長期方法——更重要的是你如何運用這套方法慢慢累積財富。各位將透過自然而有趣的方式，學習如何辨識具有護城河的企業，也將學習如何運用工具估計股票的價值。

經由本書，各位將瞭解護城河創造的經濟力量。我們將研究某些擁有寬廣護城河的特定企業，觀察它們如何長期創造平均水準以上的獲利。反之，缺乏護城河條件的事業，通常沒辦法幫股東創造價值。

我們的證券分析長海沃德·凱利（Haywood Kelly）與個人

投資者事業總經理凱薩琳·奧黛爾博（Catherine Odelbo）對於
「晨星」的股票研究也扮演重要角色。除此之外，我們的整體
股票分析師人員，對於日常提供的精闢護城河分析，也有極為
重大的貢獻。

　　本書篇幅雖然簡短，但各位如果仔細閱讀，我相信不難發
展穩當的基礎，以協助各位擬定精明的投資決策。希望各位投
資順利，好好享受本書。

——喬·曼索托
晨星公司創辦人兼執行長

謝詞

任何一本書都是團隊合作的結果，本書也不例外。

我很幸運能夠和一群非常有才華的分析師共事，沒有他們的協助，我對於投資的瞭解將遠不如今。「晨星」股票分析師人員的貢獻，使得本書的品質明顯提升，尤其是確認了我某些特定論點的正確案例而已。我能夠擁有一群如此精明的同事，使得每天的工作都成為趣事。

特別感謝「晨星」的證券分析長海沃德・凱利，他在編輯方面提供珍貴的回饋——還有在多年前雇用我進入「晨星」。我也要感謝股票分析總監希斯・布利里安特（Heather Brilliant），他迅速而平順地分攤我的管理工作，容許我完成本書。另外，Chris Cantore 把一些觀念轉化為圖形，Karen Wallace 幫我潤稿，

Maureen Dahlen 與 Sara Mersinger 緊盯著本書的進度，使其得以按部就班完成。感謝他們四個人。

　　證券分析部門總經理凱薩琳‧奧黛爾博，她領導「晨星」股票研究活動，功不可沒，當然還有「晨星」的創始者喬‧曼索托，他開創這家世界級的企業，永遠把投資人擺在第一位。感謝你，喬。

　　可是，還有一個最值得我感謝的人，那就是我的妻子凱薩琳，她對於我的疼愛與支持，是我的最珍貴資產。還有我家的孿生寶貝班與愛麗斯，給每天帶來快樂。

導論

戰略計畫

想要在股票市場賺錢，方法很多。你可以參與華爾街的遊戲，仔細觀察趨勢發展，想辦法猜測每季盈餘數據超過市場預期的企業，但這種做法的競爭相當劇烈。你可以挑選那些股價走勢圖呈現多頭型態的股票，或挑選成長速度超快的企業，但你冒的風險是沒有人願意在更高價格承接你的股票。你可以買進價格非常便宜的股票，完全不理會事業根本的經營狀況，但這些股票雖然有提供鉅額報酬的潛力，但公司也能倒閉而股票變得一文不值。

或者，你可以按照合理價格，買進優質的企業，然後讓這些企業進行長期的複利。令人訝異地，很少投資經理人採行這種單純的策略，雖然這也是某些最成功投資人採用的方法。（華倫‧巴菲特就是其中最著名者。）

執行這套策略所需要遵循的戰略計畫如下：

1. 尋找那些能夠長期創造平均水準以上獲利的企業。

2. 等待這些企業的股票價值低於其內含價值，然後買進。

3. 持續持有股票，直到相關企業的營運狀況轉差，股票價值高估，或者你找到其他更好的替代投資。股票持有期間應該以「年」計算，而不是「月」。

4. 如果必要，重複前述程序。

本書討論內容，基本上是前述第 1 步驟——尋找具有長期潛力的優質企業。如果能夠辦到這點，你已經領先絕大部分投資人了。本書稍後還會提供一些有關如何評估股票價值的小竅門，還有如何決定股票賣出時機的技巧。

為什麼要尋找那些能夠在多年期間創造高獲利的企業呢？想要回答這個問題，各位不妨退一步想想企業經營的目的：**運用投資人的錢創造報酬**。就像一台大型機器，取得資本，投資於產品或服務，並創造更多資本的良好企業；反之則為產出資本少於投入的壞企業。一家企業如果能夠長期創造資本高報酬，就能複利累積龐大財富 *。

---

* 資本報酬率是衡量企業獲利能力的最佳基準。這項指標衡量企業運用所有資產——包括工廠、人員與投資——幫股東賺錢的效率。各位不妨將其視為共同基金經理人創造的投資報酬率，唯一差別是企業經理人是投資生產計畫而不是股票與債券。關於資本報酬的進一步討論，請參考第 2 章。

企業想要辦到這點，顯然不容易，因為高資本報酬會引來競爭者，就如同花蜜會吸引蜜蜂一樣。可是，這畢竟是資本主義的運作方式——資金會尋找期望報酬最高之道；換言之，享有重大獲利潛能的企業，自然會吸引競爭者。

所以，一般來說，資本報酬會呈現所謂的「回歸均值」現象（mean-reverting）。享有高報酬的企業，將因為同業加入競爭而獲利減少，報酬偏低的企業，則會因為開發新產品或競爭者減少而獲利增加。

可是，有些企業能夠長期對抗無情的競爭，它們能夠累積龐大財富，因此也該納入你的投資組合。舉例來說，安海斯-布希（Anheuser-Busch）、甲骨文（Oracle）與嬌生（Johnson & Johnson）等企業，這些都是高獲利事業，卻能夠面對長期的激烈競爭，而且仍然可以創造高資本報酬。這些企業可能只是運氣好而已，但它們更可能具備一般企業沒有的特質。

各位如何找到這類——不只目前很棒，而且未來多年期間仍然表現傑出的企業呢？對於你準備投資的公司，你要問一個表面上看起來很簡單的問題：**如何防止其他財務健全而精明的業者加入競爭呢？**

想要回答這個問題，需要觀察所謂競爭優勢或經濟護城河的結構特質。就如同中世紀的城堡藉由護城河阻止敵人，經濟護城河可以讓優質企業繼續保有高資本報酬。如果你能夠找到這類擁有護城河的企業，而且能夠按照合理價格做投資，就能

建構優質企業構成的投資組合，顯著提升股票投資的勝算。

可是，護城河究竟有什麼特質，而值得我們如此特別強調呢？這個問題的答案，也就是本書第 1 章的主題。第 2 章準備談論一些正面因素的假象，也就是一般被視為競爭優勢的特質，實際未必可靠。然後，我們打算藉由幾章篇幅，討論經濟護城河的來源。這些是讓企業得以真正享有持續性競爭優勢的條件，所以我們會花相當大的篇幅講解這方面概念。

這是本書第一部分的討論內容。一旦瞭解經濟護城河的意義，接著將說明如何辨識正在崩解的護城河，這是創造競爭優勢之產業結構扮演的關鍵角色，還有企業管理階層如何創造（或摧毀）護城河。然後，有一章個案研究準備討論某些著名企業的競爭力分析。另外，我也會概略談論企業價值分析，因為即使是一家擁有寬廣護城河的公司，如果支付價格過高，仍然屬於不當投資。

The Little Book
That Builds Wealth

Chapter 1

經濟護城河

何謂經濟護城河？

這個概念如何協助挑選優良股票？

　　一般人普遍認為，愈是耐久的東西，價格通常愈高。從廚房器具到汽車或房子，使用期間愈長，價格通常也愈高，因為多支付的價格，可以換取額外的使用期間。本田汽車的價格高於起亞汽車；實驗室等級的工具，價格通常高於街角五金行販售的類似器材。

　　股票市場也適用相同概念。愈是持久的企業，愈具有堅實競爭優勢的企業，其價值愈是高於──那些幾個月之內可能因為缺乏競爭力而倒閉的企業。這正是投資人需要重視經濟護城河的最主要原因：擁有護城河的企業，價值高於缺乏護城河的企業。所以，如果知道如何辨識具有經濟護城河的企業，你就能投資那些真正值得投資的股票。

想要瞭解護城河為何能夠增加企業價值，不妨想想股票價值的決定因素。一家企業的每單位股份，讓投資人擁有該公司一單位所有權。我們如何決定一棟公寓的價值？公寓價值等於其壽命期間內全部租金收入減掉維修費用之淨收入現金流量的現值。同理，**一家企業的價值，等於公司存在期間內所創造之淨現金流量——現金收入減掉維修與事業擴張資本支出的現值**[*]。

所以，讓我們考慮兩家企業，兩者的成長速度約略相同，而且有著相近的資本，藉以創造大約相等的現金流量。可是，其中一家企業擁有經濟護城河，所以未來十年現金流量的再投資報酬率較高；另一家企業則無經濟護城河，也就是說一旦同業加入競爭，其資本報酬率將顯著下降。

擁有經濟護城河的企業，目前的價值較高，因為該公司得以創造經濟利益的期間較長。當我們買進擁有經濟護城河企業的股票，所買進的未來現金流量長期受到保障，不會因為同業競爭而下降。這就如同兩輛車，有一輛可以使用十年或二十年，另一輛的使用年限只有短暫數年。

---

[*] 現值的計算，需要調整相關現金流量的發生時間與確定性。「一鳥在手，勝過十鳥在林」，我們有把握取得的未來現金流量，其價值勝過比較沒有把握收取的現金流量。本書第 12 章與 13 章會談論價值評估的基本概念，所以若各位仍不清楚何謂現值，大可不必擔心。

請參考圖 1.1，座標橫軸代表時間，縱軸代表資本報酬率。另外，左圖企業擁有經濟護城河，右圖沒有。請注意，左圖的資本報酬率下降速度緩慢，因為該公司能夠長時間對抗同業競爭。至於右圖，由於缺乏經濟護城河，很容易受到競爭威脅，所以資本報酬率下降速度較快。圖形的陰影部分，代表兩家企業創造的總經濟價值，擁有經濟護城河的企業所創造的陰影面積顯然較大。

圖 1.1　比較：擁有與未擁有經濟護城河的企業

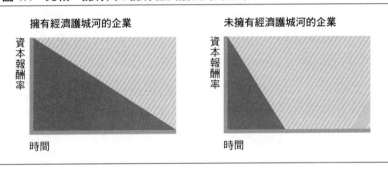

　　所以，對於投資人來說，護城河之所以重要的最主要理由，是因為這可以增添企業價值。辨識護城河的能力，能夠顯著增添選股效益，以及對於進場價格的判斷。

護城河之所以重要的理由

護城河成為選股程序的重點，另外還涉及哪些理由？

投資資本可以藉由護城河而獲得幾個層面的保障。首先，護城河可以強化投資紀律，使得投資人不至於支付過高價格，追買缺乏競爭優勢的熱門企業。高資本報酬最終絕對因為競爭而消失，而且對於大部分企業及投資人來說，這種程序快速而痛苦。

不妨想想那些曾經超夯的零售業者，但這些業者的品牌已經完全被時間淘汰，還有那些曾經快速成長的科技業者，其競爭優勢可能因為同業推出更新穎技術而突然消失。表面上看起來，高額毛利與快速成長相當誘人，但優渥獲利的存續期間，往往才是投資者應該考量的重點所在。護城河概念讓我們得以區別「今日花朵盛開而明日黃花凋零」vs. 真正可長可久的企業。

另外，對於護城河的判斷如果正確，則投資發生永久性傷害及嚴重損失的可能性，也會大幅大減。擁有經濟護城河的企業，其內含價值更可能隨著時間經過而增加，即使你的投資價格稍高（根據事後判斷），內含價值成長仍然可以保護投資報酬。缺乏護城河的企業，一旦遭遇激烈競爭，內含價值可能驟減，也意味著投資人更可能懊悔當初以高價買進。

擁有護城河的企業，由於能夠仰賴其結構性競爭優勢，所以營運更具韌性，比較容易由暫時困境復原。各位不妨想想可

口可樂公司幾年前推出的 New Coke，以及最近推出的 C2 飲料，結果都非常不順利，造成嚴重虧損，但因為可口可樂的品牌底子厚，這兩次失敗都不至於傷及筋骨。

對於消費者偏好轉移到純水與果汁等非碳酸飲料的發展趨勢，可口可樂的反應似乎有些遲鈍，這可能也是該公司近幾年來成長速度減緩的主要原因。可是，由於可口可樂控制著行銷通路，所以能夠藉由推出達薩尼（Dasani）加味水而扳回一城。

同樣地，讓我們回顧麥當勞在 2000 年代初期遭遇的麻煩。速食連鎖店是個高度競爭的產業，所以服務品質一旦下降，再加上不能跟上消費者口味變動，營運自然會遭遇嚴重問題。事實上，麥當勞在 2002 年與 2003 年的處境正是如此。可是，麥當勞的招牌很硬，規模龐大，使得其營運還有機會復甦，這是其他缺乏護城河業者所不能的。

當投資人試圖按照合理價格買進優質股票，擁有護城河企業營運方面具備的韌性，將是心理上的重要支柱，因為優質企業唯有失掉某些條件，才會呈現理想的投資價值。可是，在股價變得便宜之前——換言之，新聞媒體報導由熱捧轉變為唱衰之前——如果投資人已經瞭解企業擁有的護城河條件，或許就更能精準判斷企業營運遭遇的麻煩，究竟屬於暫時性或永久性的。

最後，護城河可以協助投資人界定所謂的「競爭優勢範圍」（circle of competence）。投資活動如果侷限在自己熟悉的領域——譬如金融股或科技股，而不要把攻擊目標設定得太廣泛，

績效應該會更理想。換言之，為什麼不讓自己成為那些擁有競爭優勢之企業的專家，而不要成為許多產業的專家呢？投資人最好要避免涉足太過龐大而難以控制的投資母體，應該集中精神處理自己最熟悉的優質企業。

　　各位很幸運，因為這正是本書準備提供的：讓各位成為經濟護城河辨識方面的專家。你如果能夠看到別人看不到的護城河，就可能按照偏低價格買進明日的明星企業。另外，你如果能夠辨識這些具有耐久競爭優勢的企業，就能避開那些可能傷害投資組合的股票。

關鍵重點

1. 買進 1 股的股票，代表你擁有企業的一小部分，真正很小的部分。

2. 企業價值等於其未來創造之全部淨現金流量。

3. 在有利可圖的情況下，企業愈能夠長期創造現金，其價值將高於只能短期創造現金流量的企業。

4. 資本報酬率是衡量企業獲利能力的最佳指標。資本報酬率是衡量企業運用投資人資金賺取報酬的能力。

5. 經濟護城河可以保障企業免受競爭傷害，協助企業能夠更長期賺取利潤，對於投資人也更有價值。

Chapter 2
護城河假象

假的！別被競爭優勢假象欺騙！

　　投資界經常誤傳一種說法：「下注騎師，而非馬匹」；換言之，管理團隊素質的重要性，顯著超過企業素質。我猜想，對於跑馬活動來說，這個說法或許有道理。所有的賽馬，其品種畢竟都經過精挑細選，而且受過嚴格訓練，所以馬匹本身的素質相差不大。由於我從來沒有實際參與賽馬活動，或許不適合在這方面發表意見，但我相信那些騾子與昔德蘭矮種馬（Shetland ponies）是不會和純種馬同場較量的。

　　商業活動的情況則不是如此。就股票市場來說，騾子與昔德蘭矮種馬確實會和純種馬同場競爭；如果馬匹才剛送進牧場一個星期，即使是全世界最頂尖的騎師恐怕也無能為力。反之，如果一匹馬才剛贏得肯塔基大賽冠軍，那麼即使是不太有經驗的騎師，跑起來應該也會勝過一般馬匹。

為什麼？關於護城河，關鍵是企業營運存在的結構性特質，通常會持續多年，同業競爭者很難複製。

護城河提供的功能，能夠降低公司依賴管理的程度。企業經營能力的重要性，比不上良好的企業本質。讓我們進一步引用賭博的比喻，全世界最頂尖的撲克好手，如果手頭上只持有小 2 一對，恐怕也很難對抗業餘玩家的同花順。

雖然精明策略有時可以在艱困產業創造競爭性優勢（不妨想想戴爾電腦或西南航空），有些企業的結構就是優於其他同業。管理不善的製藥企業或銀行，其創造的資本報酬率經常還是勝過最頂尖的煉油業或汽車零件業。牛牽到北京仍是牛。

由於華爾街太過重視短線成敗，因此曇花一現的利多消息，往往被誤以為長期競爭優勢。

就我的經驗判斷，最常見的「護城河假象」包括：**優異的產品、強勁的市場占有率、優異的執行**，以及**完善的管理**。這四種陷阱可能讓投資人誤認某些企業擁有護城河，實際上似是而非。

護城河……或陷阱？

優異的產品或許有助於提升短期營運績效，但很少具備護城河功能。舉例來說，克萊斯勒在 1980 年代首先推出小型貨車（minivan），幾乎就像發明了印鈔機一樣。對於毛利通常偏低

的產業來說，克萊斯勒的成功當然會成為眾矢之的，所有車商紛紛推出自家的小型貨車。汽車製造業者不具備任何結構特質，可以防範其他同業推出類似產品。

反之，有家小型汽車零件供應商 Gentex，它在克萊斯勒推出小型貨車之後不久，也推出亮度自動調整的後視鏡。汽車零件產業的競爭慘烈程度並不亞於汽車製造業，但 Gentex 擁有後視鏡的一些專利，因此可以防範其他同業推出類似產品。所以，Gentex 的營運享有多年的豐厚毛利，投入資本報酬率在長達 20 年期間都保持在 20％之上。

總之，企業除非擁有護城河保護其營運，否則競爭者很快就會出現，並吞噬其獲利。華爾街有太多這類由高峰跌落谷底的企業殘存軀殼。

各位還記得甜甜圈專賣店 Krispy Kreme 嗎？很不錯的一家企業，但缺乏經濟護城河——客戶很容易轉而購買其他品牌的甜甜圈，或減少甜甜圈的消費。還有曾經火紅好幾年的服飾店 Tommy Hilfiger，過熱的行銷方式傷害其品牌，導致產品最終走上大拍賣的路子，公司的財務狀況也一瀉千里。我們當然也忘不了 Pets.com 與 eToys 等零售網站，它們都成為網路泡沫的註腳。

最近，乙醇引發的熱潮也是典型的例子。2006 年，由於諸多因素彼此配合，包括原油價格走高，煉油產能緊俏，汽油標準更改，玉米作物豐收（玉米是生產乙醇的主要原料），使得

乙醇生產業者得以創下優渥的 35％營運毛利；對於任何產業來說，這種獲利能力都不可忽視。

華爾街把乙醇渲染為未來的明星產業，根據難以持續的高獲利能力，評估股票價值；乙醇是典型的缺乏護城河產業。這是完全不存在競爭優勢的普通商品（甚至沒有經濟規模可言，大型的乙醇生產業者實際上還面臨成本劣勢，因為這類廠家必須運用更多的玉米，導致成本上升，而且還必須自行處理殘餘產出，消耗更多天然瓦斯）。所以，我們不難理解最後的發展如何。

一年後，雖然原油價格居高不下，美國煉油廠的產能仍然緊俏，但玉米價格飆漲，煉油廠轉而生產新標準汽油，更多的乙醇業者進入市場。結果，所有乙醇業者的營運毛利驟減，甚至有家最大型生產者的毛利轉為負值。缺乏經濟護城河，企業的營運績效可能突然惡化。

不可否認地，某單一產品或服務的重大成功，也可能轉化為經濟護城河。讓我們看看 Hansen Natural 在 2000 年代初期推出的「怪獸」系列（Monster）能量飲料。該公司運用這個成功的熱銷產品系列，得以和飲料界巨人安海斯 - 布希（Anheuser-Busch）簽署穩定的長期經銷網絡，因此在能量飲料市場建立起競爭優勢。

任何廠家現在如果想和「怪獸」飲料競爭，首先必須克服 Hansen 擁有的行銷網絡優勢，這難道是不可能的任務嗎？當然

不是，因為百事可樂和可口可樂也擁有自己的行銷網絡。可是，這方面優勢有助於防範其他能量飲料業者威脅 Hansen 的獲利能力，這也正是經濟護城河的作用所在。

某家已經擁有多年營運成功經歷的事業，而且目前已經是所屬產業市佔率最大的主要玩家，這是否意味著該企業擁有經濟護城河呢？

關於經濟護城河，「大」不一定就「好」。很多人認為，市佔率高應該代表該企業擁有持續性競爭優勢——否則如何能夠囊括龐大市場？可是，歷史經驗告訴我們，處在高度競爭的市場，領導地位未必可靠，譬如：柯達（Kodak，底片）、IBC（個人電腦）、Netscape（網路瀏覽器）、通用汽車與 Corel（文字處理軟體）。

前述這些例子顯示，一家享有可觀市佔率的優勢企業，由於不能營造或維繫經濟護城河，可能因為同業競爭而喪失領導地位。所以，問題不在於企業是否擁有顯著市佔率，而是該企業如何取得該市佔率，因為後者更能彰顯企業領導地位的維繫能力。

某些情況下，市佔率的意義不大。就拿骨科醫療產業來說——人工髖 - 膝關節——即使是小型業者，也可能創造優異的投資報酬率，市佔率經常發生轉變。對於這類市場，規模的效益有限，因為骨科手術的移植決策通常很少涉及價格。

另外，這方面的轉換成本偏高，因為每家業者的移植設備及程序都稍有差異，醫生通常會固定採用某家業者的產品，而且這方面的轉換成本對於每家業者來說都大致相同，與經濟規模關係不大。最後，科技創新是漸進的，所以研究預算多寡也不至於造成顯著影響。

　　所以，規模可能協助企業創造競爭優勢——關於這部分本書第7章還會深入討論，但規模其實很少能真正成為經濟護城河。同理，市佔率並未必代表護城河。

　　營運效率又如何呢？也就是一般所謂的「執行效率」。某些業者的「基本動作」很好，能夠更有效達成營運目標。所以，管理完善是否代表競爭優勢呢？

　　不幸地，這個問題的答案是否定的。如果缺乏結構性競爭優勢，營運效率是不夠的。事實上，一家企業之所以成功，如果是仰賴營運效率，很可能代表該企業是隸屬於高度競爭產業，因此效率也是保障營運成功的必要條件。可是，營運效率雖然是好策略，但算不上是持續性競爭優勢，除非涉及某種不容易複製的獨家程序。

　　傑出的企業執行長，也是一種被護城河假象。優異的管理團隊雖然有助於公司營運——假定其他條件不變，我們當然希望自己擁有的公司，其經營者是才華橫溢的企業家，而不是競爭失敗者——但精明的掌舵者並不屬於持續性競爭優勢，理由有幾點。首先，有關企業管理決策影響範圍的研究資料顯示，管理

者對於企業績效表現的影響並不特別顯著，程度甚至不如產業控制與許多其他因素。這是合理的現象，因為對於規模龐大的企業，某單一個人的影響力畢竟有限。

更重要者，挑選優異的經理人，對於未來效益的幫助通常不大，而我們想要辨識護城河，目的就是希望能夠因此掌握可持續的企業未來績效。企業經營者畢竟是來來去去的，尤其是聘用超級明星 CEO 可以顯著提升企業市場價值的情況。我們如何知道我們現在所仰賴的傑出經理人，經過三、兩年之後，仍然是值得我們信賴的人呢？一般來說，我們不能確認這點（關於企業管理的進一步討論，請參考本書第 10 章）。

最後，我認為，想要評估經營者的精明程度，**事後**要較**事前**容易得多，不妨回想企業界有多少巨星，最終卻墜落地面。思科系統執行長約翰・錢伯斯（John Chambers）與安隆執行長肯尼斯・雷伊（Kenneth Lay）之間的差異，恐怕要由事後角度才更容易看清楚。這也是我們為什麼在商業媒體上看不到所謂「未來十年最具潛力的偉大經理人」。反之，我們只能看到回顧過去的評論與研究，認定某家傑出企業的營運績效或股價表現應該歸功於某位執行長。根據同業看法而評估頂尖的企業經理人，這方面調查也存在類似偏見。

真正的護城河

如果產品、市佔率、營運效率，以及精明經理人都不是可靠的經濟護城河，我們應該尋找什麼呢？請參考下列清單：

- 擁有品牌、專利、特殊營運許可……等**無形資產**的企業。
- 企業所販售之產品與服務，是客戶沒有辦法輕易放棄的；換言之，**客戶轉換成本**讓企業享有訂價力量。
- 某些幸運企業得以受惠於**網絡經濟**（network economics），後者是有效的經濟護城河，能夠長期隔絕競爭。
- 最後，某些企業因為製造程序、營運地點、經濟規模或掌握獨特資產而享有**成本優勢**，因此可以生產更廉價的產品或服務。

根據我們「晨星」的經驗，此四者可以涵蓋絕大部分企業擁有的經濟護城河，投資人如果運用此四者做為濾網，應該可以踏上正確方向。過去幾年來，我們徹底研究與分析全球數以千計企業的競爭條件與地位，從無數資料歸納出上述四項特質。

相較於人們過去對於競爭優勢主張的種種議論，我們用以辨識經濟護城河的架構顯然不同。我們認為，某些企業就是優於其他企業——所謂「優於」，是指「資本投資更可能創造持續性高報酬」——而且各位可以根據特定線索尋找這類企業。這顯然不是各位閱讀一般商業或策略書籍常有的收穫，箇中道理很簡單。

多數人談論競爭優勢，訴求對象主要都是企業經營管理者，所以其議論重心主要在於提供企業得以改善或維持競爭地位的相關策略。他們希望其主張能夠得到最廣泛的認同，所以傳遞的訊息通常是「任何經營者只要採用這些原則／策略／目標，就能成為頂尖企業。」

對於有野心的企業主管，如果想提升公司的經營效率，這些東西確實很有用。你如果想把著述推銷給這些企業主管，那也很有用，因為愈普遍被接受的理論與正面資訊，愈能夠說服更多人。大膽列舉企業成功的一系列特質，對於那些不具備這些特質的公司來說，畢竟很難引起共鳴。

可是，身為投資人，我們沒有必要被迫把檸檬擠成檸檬汁，不像企業主管必須面臨殘酷競爭而領導公司經營。我們可以綜觀整個投資領域，尋找那些可能擁有經濟護城河的企業，把重心擺在這些具備潛在條件的候選者。如果某些產業在結構上更具吸引力，我們可以花更多時間做調查，如此找出擁有經濟護城河企業的勝算更高。我們如果認定該部門缺乏具有吸引力的競爭特質，甚至可以放棄某些市場。

想要尋找擁有經濟護城河的企業，投資人需要知道如何辨識競爭優勢——而不論公司規模、歷史或所屬產業。譬如像「專注核心事業」等一般原則，顯然不符合條件，因為它們普遍適用於任何業者。我們需要明確而特定的性質，用以挑選具有特殊競爭優勢的企業。

吉姆・柯林斯（Jim Collins）在其著述《從 A 到 A+》（*Good to Great*，*HarperBusiness, 2001*）主張，「偉大不是條件」（Greatness is not a matter of circumstance）。我則認為，「偉大」基本上就是重要條件，而且是從我們的四種競爭優勢之一開始。如果各位能夠辨識這些條件，對於尋找最佳企業來說，就能顯著領先絕大多數投資人。

關鍵重點

1. 護城河是隸屬企業本身的結構性特質。某些企業的護城河就是優於其他企業，這是明確的事實。

2. 優異產品、經濟規模、優異執行，以及完善管理，這些雖然都是很好的素質，但不足以創造長期競爭優勢。

3. 結構性競爭優勢的四種來源為：無形資產、客戶轉換成本、網絡效應與成本優勢。相關企業如果擁有穩健的資本報酬率，並具備前述四項條件之一，很可能就具備經濟護城河。

Chapter 3

無形資產

貨架上沒展示，但它們卻價值連城。

　　無形資產看起來就像裝著各種競爭優勢的雜物袋，由某種角度看來，確實是如此。表面上，品牌、專利、特許執照等，似乎沒有什麼共通之處。可是，就經濟護城河而言，它們具備的功能大致相同——建立獨特的市場地位。企業如果具備這類的條件，等於擁有某種程度的獨佔力量，能夠從客戶汲取顯著價值。

　　可是，由無形資產創造的護城河，投資人往往不容易辨識或認定。品牌可能喪失光彩，專利可能被挑戰，特許執照可能被取消。讓我們先看看品牌議題。

通俗品牌即是創造獲利的品牌，是嗎？

關於品牌，投資人經常誤認為，著名品牌理所當然有助於創造競爭優勢。事實上，情況絕非如此。除非品牌能夠促使消費者願意支付高價，或有助於提升消費者對於產品的忠誠，否則就談不上經濟護城河的功能。品牌畢竟需要花費金錢營造與維護，除非這方面投資能夠透過訂價力量或重複消費取得報酬，否則就沒有競爭優勢可言。

將來，對於擁有著名消費品牌的企業——或有人主張某品牌在特定利基市場具有價值——各位的評估程序應該考慮該公司是否能夠因此索取較高價格。如果不能的話，品牌就沒有什麼價值。

就拿索尼來說，這顯然是知名品牌。現在，請你問自己，如果要購買 DVD 播放機，你是否願意只因為播放器貼著索尼——而不是菲利普、三星或國際——的標籤而支付較高價格。你應該不會，至少多數人不會，因為對於一般電器產品來說，消費者通常更重視價格與功能，而不是品牌。

現在，讓我們考慮索尼與另外兩家販售全然不同產品的企業：珠寶商蒂芬妮（Tiffany & Company）與建材供應商 USG 公司。這三家企業的共通點，就是它們所販售的產品與同業都很類似。如果拿掉索尼的標籤，其產品與其他電器業者的產品看起來沒有顯著差別。同樣地，拿掉蒂芬妮的藍色包裝盒，其產

品就如同 Blue Nile 或 Borsheims 的產品。USG 的 Sheetrock 品牌乾板牆，與其他建材業者的乾板牆看起來也一樣。

可是，對於相同規格的鑽石，蒂芬妮索取的價格顯著高於同業，主要是因為蒂芬妮採用的藍色包裝盒。舉例來說，就本文撰寫當時的情況，一顆 1.08 克拉，切割完美的 G 色彩，VS1 淨度，鑲嵌在白金戒子台架的鑽石，蒂芬妮的標價為＄13,900。Blue Nile 提供完全相同的產品，價格只要＄8,945。（藍色包裝盒價格確實昂貴！）USG 的情況更神奇，因為 USG 不同於蒂芬妮，後者是一家專門提供奢侈品的店家，所以有理由索取溢價，但 USG 販售的是乾牆板，不過就是一般產品。另外，就產品的品質來看，USG 的牆板與同業產品也大致相同。請看看 USG 如何描述 Sheetrock：

> ……核心材料為防火石膏版，表面包裹 100％天然塗層的再生紙，背面為 100％再生亞麻布紋紙。表面塗層紙折疊到石板長邊，藉以強化與保護核心石板，邊緣切割整齊，塗層平滑。石板長邊呈現斜角，能夠結合與隱藏進入 USG 內裝修飾系統，而且具有強化作用。

現在，讓我們看看同業如何描述其牆板：

> ……核心材料為防火石膏版，包裹在 100％自然塗層的再生紙，背面為強韌的亞麻布紋紙。表面紙折疊到石板長邊，藉以強化與保護核心石板，邊緣切割整齊，塗層

平滑。石板長邊呈現斜角，能夠隱藏進入結合的複合系統，而且具有強化作用。

這兩個描述的內容完全相同——甚至使用的文字也高度相似。可是，Sheetrock 的價格通常高出 10 ～ 15%，因為 USG 非常強調營建材料，其產品在耐久性與強度方面已經建立聲譽。

對於相同產品，企業如果能夠因為品牌緣故而較其他同業索取更高價格，則該品牌可能就代表難以跨越的經濟護城河。想想拜耳（Bayer）生產的阿斯匹林——其化學成份與其他品牌的阿斯匹林完全相同，但拜耳的售價卻是一般阿斯匹林的兩倍。

當然，和品牌之間存在直接關係的商品，數量很有限，絕大部分品牌都運用於多種不同產品，譬如：可口可樂、奧利奧餅乾（Oreo）或朋馳汽車。這些例子的品牌都有價值，因為品牌可以降低搜尋成本，但未必讓相關公司擁有訂價能力。換言之，對於貼著「可口可樂」標籤的汽水，你知道口味如何，你也知道朋馳汽車屬於耐久的奢侈品，但可口可樂價格並不高於百事可樂，朋馳汽車價格也不高於 BMW。

可口可樂與百事可樂的價格大致相當，但口味不同。Oreo 與 Hydrox 餅乾的情況也是如此。朋馳索取的價格不高於其他對等汽車，卻必須確保其產品的品質與耐久性能夠與品牌傳遞的訊息相同。可是，所生產的汽車如果要比同業競爭者更耐久，顯然需要花費成本，所以我們不能否認朋馳品牌擁有獲利方面的優勢。

藉由品牌建立的經濟護城河，最危險之處在於品牌喪失既有的光彩；這種情況下，相關企業索取溢價的能力也會因此喪失。舉例來說，卡夫食品（Kraft）的碎片乳酪原本在市場上佔有主導地位，但隨著商店引進私人品牌的類似產品，消費者發現他們能夠用更低價格買進加工乳酪——加工乳酪畢竟就是加工乳酪。

總之，品牌確實可以創造持久性的競爭優勢，但除非品牌能夠實際影響消費者行為，否則著名品牌並沒有多大價值。消費者如果只因為品牌的緣故，而願意支付更高價格，或更經常購買，則意味著品牌具有護城河功能。可是，許多擁有著名品牌的產品，相關公司卻未必能夠創造正數的經濟報酬。

專利律師開著昂貴汽車

產品銷售如果能夠取得法律保障而完全排除同業競爭，如此應該很好吧？這正是專利的功能所在，但專利雖然可能提供珍貴的經濟護城河，所創造的競爭優勢卻未必如同一般人想像持久。

首先，專利有一定期限。凡是可以創造利潤的專利，一旦專利到期，競爭幾乎必定隨之而來。（任何大型製藥廠都可以告訴你這點。）透過法律手段的安排，專利產品的期限或許可以延長，但一般人很難猜測哪一方的律師團可以獲勝——除非各

位剛好是智慧財產法的專家。

專利也可能被撤銷──專利可能被挑戰，而且利益牽扯程度愈高，遭受的攻擊愈猛烈。舉例來說，很多普通製藥廠就經常挑戰大藥廠的專利，而且把這種活動列入例行業務。每 10 個挑戰只要成功 1 個，往往就會可以創造重大收穫，所以這方面的挑戰會持續發生。

一般來說，任何企業如果只仰賴少數專利產品，這些專利一旦被挑戰，對於公司營運可能造成重大衝擊，而且我們很難預測這方面的發展。唯有當企業能夠持續透過創新發明取得新的專利，而且專利產品種類很多，如此才能確保專利帶來的競爭優勢。舉例來說，3M 的產品眾多，專利數量高達數千種，還有像默克（Merck）與禮來（Eli Lilly）等大藥廠，情況也很類似，這些企業的專利產品，長久以來始終能夠推陳出新，因此投資人有理由相信目前的專利產品，仍然會被更新的專利產品取代。

品牌的情況與專利很類似，這類競爭優勢表面上看起來幾乎是萬無一失的保障。不過，這方面例子也充分彰顯了資本永遠會尋求最賺錢的機會與路徑──所以，品牌與專利經常被攻擊。「晨星」認可的護城河，通常只限於擁有廣泛專利與創新紀錄的企業。至於未來營運只仰賴單一專利產品的企業，其許諾的未來報酬聽起來實在太過美好而不像是真的──事實上，通常也確實不會是真的。

人為的些許影響

特許執照（regulatory licenses）是創造持續性競爭優勢的另一種無形資產類別，因為競爭者很難克服這方面障礙。一般來說，某種業務之營運，如果需要主管機構許可，而且其產品訂價又不受控制，優勢是非常明確的。關於產品訂價力量，各位可以設想公用事業與製藥廠之間的差別。這兩種行業都必須得到主管機構核准，才能將產品（電力與藥品）販售給消費者，但主管機構控制了公用事業所能夠索取的電力費率，美國藥物食品管理局則不干涉藥品價格。所以，藥廠的獲利能力顯著優於公用事業也就不足為奇了。

總之，各位如果能夠找到某種特許行業，業者能夠像獨佔者一樣決定價格，很可能就找到一家擁有顯著經濟護城河的企業。

信用評等產業就是很典型的例子。業者運用特許執照建構等同於獨佔的市場地位。想要評估美國債券的信用等級，業者必須先取得國家認可之統計評等組織（Nationally Recognized Statistical Ratings Organization）的指派。所以，任何想要踏入這個行業的競爭者，他們知道自己首先必須通過繁複的檢定程序。所以，信用評等是個相當賺錢的行業。穆迪（Moody's Investors Service）的營業毛利高達 50％以上（不是排印錯誤），資本報酬率大約是 150％。

可是，除了債信評等之外，還有其他特許行業享有顯著競爭優勢，譬如：吃角子老虎機器製造業。讀者不難想像這個行業顯然不像債券那般枯燥無味。

為了防範賭場享有法定許可範圍之外的優勢，吃角子老虎機器製造受到嚴格的管制。製造與販售吃角子老虎機器需要特殊執照，而取得特許執照並不容易，業者如果被取消這方面許可，將構成重大財務衝擊。有家小型製造商 WMS Industries 在 2001 年因為軟體發生瑕疵而喪失營運許可，結果花了 3 年工夫才得以恢復先前的獲利水準。

雖說如此，但法規方面的障礙實在太過繁瑣，美國吃角子老虎產業仍然只有 4 家主要業者，多年來都沒有出現新的競爭者。各位可能認為 WMS 遭遇的麻煩，可能代表其他競爭者趁虛而入的機會，尤其是吃角子老虎產業非常賺錢，但這種情況並未發生，一方面是因為法規障礙實在不容易克服。

提供高等教育學位的企業，譬如：迷途者教育機構（Strayer Education）與太陽神教育集團（Apollo Group），都需要經過主管機構特許，稱為鑑定許可行業（accreditation）。美國境內的「鑑定許可」具有多種不同等級，某些業者授予的學分是被公立大學認可，這種等級的許可取得並不容易。

擁有鑑定許可執照，其本身就代表明確的競爭優勢，因為擁有這類執照和沒有執照學校授予的學位價值截然不同。另外，唯有經過鑑定許可的學校，其學生才能申請由聯邦政府補助的

助學貸款，而這是多數非菁英教育機構的收入來源，使得潛在競爭者更處於劣勢。大體上來說，對於沒有鑑定許可執照的業者，實在沒辦法在這種高獲利產業與其他擁有執照的業者競爭，因為主管機構非常不願意發放新執照。

穆迪、吃角子老虎產業與營利教育機構等，都是透過單一執照或許可而享有持續性競爭優勢的例子。可是，這類護城河未必僅來自於某單一執照；有些是來自一系列的執照，或難以取得的多種許可。

這方面的最經典例子，就是那些我所謂「不要建立在我家後院的」事業，譬如垃圾處理業與集料產品業者。我想，幾乎所有人都不希望自己住家附近出現垃圾掩埋場或營造砂石場。這意味著既有的垃圾掩埋場與砂石廠非常有價值。因此，申請而取得新執照，幾乎是不可能的任務。

垃圾與建材砂石等產品，聽起來或許不怎麼樣，相關許可本身也未必有顯著價值，但許多這類許可構成的護城河則十分穩固。垃圾處理業者與建材砂石場通常必須取得許多市鎮層級的營運許可，這些許可非常不可能在一夜之間全部消失。

譬如 Waste Management 與 Vulcan Materials 等業者，它們取得地方主管機構核准的垃圾處理與建材砂石執照之所以有價值，是因為垃圾處理與建材砂石都屬於地方性事業，垃圾不太可能是送到好幾百英里之外處理，營造砂石也不可能來自 40、50 英里之外（垃圾與砂石的重量都非同小可，長程運送不符合經濟

利益）。所以，地方主管機構核准的垃圾與砂石相關執照，代表這些產業護城河的建構積木。

除了垃圾與砂石場之外，還有另一種具有顯著「不要建立在我家後院」性質的產業——煉油廠。近幾十年來，美國雖然沒有核准新的煉油廠，而且既有煉油廠也很難向地方政府申請新的許可，但煉油廠的經濟效益還是不能跟垃圾處理或建材砂石場相提並論。主要理由：精煉石油的價值／重量比率較高，而且比較容易透過輸油管長程輸送。

煉油廠如果想提高某地區的價格，其他地區的汽油可能就會趁著高價而進入當地市場。所以，油價雖然有地區性差異，但煉油廠的資本報酬率通常都只有個位數字，或勉強破 10％ 門檻；反之，垃圾處理與建材砂石業長期以來都享有偏高而穩定的資本報酬。

其他三種護城河

類似如品牌或專利等無形資產，雖然不能陳列在架上，但可能代表非常珍貴的競爭優勢。有關無形資產的價值評估，應該考慮相關企業所能夠因此創造的價值，以及這些價值能夠持續多久。

著名的品牌如果不能授與訂價力量，或無助於提升客戶忠誠程度，就不足以創造競爭優勢。主管機關核准的營運特許，

如果沒辦法轉化為資本報酬，譬如：煉油廠——其價值也就相當有限。最後，專利組合如果禁不起法律挑戰——可能是因為不夠分散，或因為缺乏後續的創新能力，就算不上有效的經濟護城河。

可是，你如果能夠發現某種具有訂價力量的品牌，或某特許執照能夠侷限競爭，或某家企業擁有分散的專利組合，而且長久以來始終能夠持續創新，這些企業很可能就擁有經濟護城河。

關鍵重點

1. 著名品牌未必是賺錢的品牌。品牌如果不能讓客戶願意支付較高價格，或許就沒有競爭優勢可言。

2. 專利雖然是好東西，但專利律師往往很富有。專利護城河的最大風險就是法律方面的挑戰。

3. 法規可能限制競爭——政府如果能夠幫你賺錢，難道不好嗎？最棒的法規護城河，通常是由眾多小特許所構成，而不是某單一重大特許，因為後者可能一夕之間豬羊變色。

Chapter 4

轉換成本

高黏著性的客戶，
他們正是護城河的磚牆。

你上一次更換往來銀行是什麼時候？

除非最近曾經搬家，否則這個問題的答案可能是：「已經有一陣子沒有更換往來銀行了」；一般人不會經常更換往來銀行。你如果向銀行查詢，會發現存款周轉率平均約為 15％，也就是說一般客戶的銀行帳戶平均會維持 6、7 年。

認真想想，這是相當古怪的。鈔票究竟也是商品，銀行帳戶提供的服務通常不會有顯著變動。人們為什麼不會為了追求較高利息或較低費用而更換往來銀行呢？有些人為了想節省每公升幾毛錢的差價，寧可跑到幾十分鐘車程之外的地方加油，而加滿油箱也頂多節省 100 塊台幣左右。反之，銀行帳戶的逾期罰款絕對不是幾塊錢就能了事；所以，人們為何不經常更換

往來銀行呢？

　　答案很簡單。由附近加油站轉移到其他加油站，成本頂多是5～10分鐘的時間。不過就是如此而已。另外，我們知道這是僅有的成本，因為汽油都是汽油。可是，更換往來銀行，必須填寫許多表格，可能還有許多自動扣繳需要重新安排。所以，更換銀行的轉換成本，絕對不是5～10分鐘就能解決的。除此之外，還有很多隱藏的麻煩，目前銀行可能耽擱轉換程序或發生差錯──你的支票可能因此跳票，電費可能沒有自動扣繳。

　　我想，各位可能都知道，銀行等於領有執照的印鈔機構。美國境內的銀行，股本報酬率平均約為15％，遠超過一般企業的獲利水準。情況之所以如此，涉及的理由很多，最重要者莫過於客戶轉換銀行的成本。簡言之，變更往來銀行的成本很高，所以人們不會經常轉換銀行。銀行業者清楚這點，所以他們會利用這方面的優勢，支付較低的利息，或課取較高的費用。

　　所以，**轉換成本是珍貴的競爭優勢**，如果客戶不會琵琶別抱而投入競爭對手的懷抱，業者就能夠從客戶身上榨出更多利潤。客戶由A公司產品轉換到B公司產品，通常會發生利益與成本。如果利益超過成本，客戶可能選擇轉換；反之，如果成本大過利益，客戶就不會選擇轉換。

　　除非你自己使用相關產品，譬如：銀行帳戶──否則很難發現業者享有的轉換成本效益，因為唯有身歷其境，才能真正瞭解成本與效益之間的關係。另外，如同任何競爭優勢一樣，轉

換成本可能因為時間經過而強化或減弱。

讓我們看看實際的例子。各位可能相當熟悉「直覺電腦軟體公司」（Intuit），該公司生產的兩種主要產品分別為 QuickBooks 與 TurboTax。「直覺」最近連續 8 年的資本報酬率都超過 30％，兩種旗艦產品的市佔率都高達 75％以上，顯示該公司成功阻擋競爭對手──包括「微軟」在內侵入其領域。如同前文討論的銀行帳戶例子一樣，這種情況表面上看起來有些奇怪。科技變化快速，所以「直覺」得以成功阻擋競爭對手，不太可能是因為其產品的功能特別優異，何況「微軟」也不是軟腳蝦，關鍵在於轉換成本。

「直覺」採行的策略雖然有所助益，譬如：強調軟體使用的簡易與方便，以及因應各種客戶的完整軟體菜單，但兩種主要產品得以保持市佔率的真正原因，則是軟體使用者的轉換成本。

對於小型企業的經營者，如果原本已經使用 QuickBooks，由於所有的資料都已經輸入，更換軟體勢必會耗費許多時間。時間是很寶貴的，對於小型企業經營者更是如此，因為他們大多身兼數職。即使其他軟體提供資料自動輸入的功能，使用者很可能還是想要自行檢視資料，因為這方面資訊代表事業經營的命脈，所以，時間成本是相當可觀的。

如同更換往來銀行可能遭遇的麻煩一樣，小型企業更換軟體的過程，可能因為歸檔錯誤而遺漏重要財務資料。你如果擔

心更換銀行帳戶可能導致某些自動扣款的安排出現錯誤；生意人更換軟體可能因為沒有正常寄送發票給客戶而造成現金不足，甚至沒辦法正常發放員工薪水。

　　轉換的效益又如何呢？其他軟體的價格可能較便宜，或具備某些 QuickBooks 所沒有的功能。可是，基本會計程序大約已經有 500 年歷史，所以這方面的軟體不太可能出現重大發展。衡量得失，我們看不出轉換效益能夠顯著超過相關成本——這也是「直覺」多年來得以獨霸市場的原因，而且這種情況很可能繼續存在。

　　「直覺」的 TurboTax 軟體面臨的情況也很類似，但轉換成本或許稍低，因為使用者所需要輸入的個人資料較少，而且稅法幾乎每年都有變動，因此潛在競爭者比較容易進入市場。雖說如此，但競爭產品想要成功，在使用上必須明顯更便利，價格必須更便宜，具備更多功能，如此才能說服使用者轉換軟體，因為絕大多數人都不願意為了一年一度的報稅工作而學習使用新軟體。一般人都痛恨報稅，當然也就不樂意花時間學習使用這方面的軟體。

直覺如膠如漆

　　「直覺」是享有轉換成本優勢的典型業者，其產品與客戶營運之間存在緊密的整合關係。小型企業繼續使用

QuickBooks，因為這套軟體已經與日常營運形成一體，企業想要另起爐灶而採用其他會計軟體，不僅時間成本高昂，發生差錯的風險也很高。

這可能是最常見的轉換成本類型，「甲骨文」（Oracle）的情況就是如此。該公司是軟體產業的巨人，專門販售大型的資料庫程式，供給大企業儲存與擷取資料。由於原始資料本身的用途不大，所以「甲骨文」的資料庫通常會配合其他電腦軟體，運用資料於分析與表現，或做進一步操作。（想想你最近上網購買的產品——有關產品的原始資料可能就儲存在「甲骨文」的資料庫，而其他軟體引用相關資料，則顯示於你看到的網頁畫面。）

所以，某企業如果想把原本使用的「甲骨文」資料庫更換為其他競爭對手的產品，不僅需要把全部資料由原來的資料庫，完整地轉移到新資料庫，而且擷取資料的相關軟體也必須重新連接或更換。整個程序不僅耗費時間與金錢，而且發生差錯的風險也很高——萬一轉換不順利，企業營運可能停擺。除非新的資料庫明顯較優異或便宜，否則業者不太可能轉換其他資料庫。

資料處理與證券保管軟體的情況也很類似。類似如「金融服務科技」（Fiserv, Inc.）與「道富集團」（State Street Corporation）等業者，它們專門協助銀行與資產管理業者處理後台作業——換言之，所有的資料處理與資料登錄，幾乎都由這些業者負責，使得銀行與資產管理業者得以順利營運。這些業

者與客戶事業之間已經高度整合，難怪它們得以宣稱其客戶留購率高達 95％以上，絕大部分收入幾乎成為年金。

設想銀行某天的帳目如果不能平衡，或某資產管理公司寄送給客戶的對帳單發生錯誤，這將造成何等的混亂？萬一發生這種狀況，轉換成本將超越任何金錢或時間考量；後台作業一旦發生差錯，客戶勢必不高興。所以，這類企業面臨的挑戰不在於賺錢，而是如何提升銷貨量，因為既有客戶幾乎都不會輕易更換保管機構或資料處理服務。

這類競爭優勢當然並不侷限於服務或軟體公司。譬如說，「精密鑄件公司」（Precision Castparts）專門販售高科技的堅韌金屬零件，運用於噴射機引擎或發電廠的渦輪機。這類產品幾乎絕對不允許發生任何問題。發電廠的蒸氣渦輪機重量超過 200公噸，每分鐘轉速超過 3,000 轉——渦輪機葉片如果出現裂縫，後果難以想像。同樣地，噴射機引擎如果在 3 萬英尺高空發生狀況，問題恐怕也很棘手。

所以，「精密公司」往來的客戶，歷史經常超過 30 年，該公司的工程師設計新產品時，經常是與客戶（譬如「奇異電器」）合作。談到成本與效益的問題，只要「精密公司」產品能夠保持一貫品質，「奇異電器」採用其他供應商，只可能是基於金錢考量。所以，「奇異公司」如果不再和「精密」往來，意味著「奇異」可以按照更低廉的成本製造渦輪機與噴射引擎，提升產品販售的毛利。

成本方面的考量又如何呢？最明顯的成本，是競爭業者必須花時間熟悉「奇異」的產品。可是，真正的成本是在風險層面。由於渦輪機或噴射引擎幾乎絕對不允許發生問題，所以只要這方面風險不能完全排除，「奇異」實在沒有理由基於生產成本考量而更改零件供應商。這些零件只要發生一次問題，就可能嚴重影響「奇異」的商譽，未來銷貨當然也會受到衝擊。

所以，「精密公司」販售零件能夠賺取優渥的毛利，一方面是因為客戶不容易找到其他同樣可靠的零件供應商。（「精密」的成本控制也做得不錯。）換言之，多年販售高品質零件累積的高門檻轉換成本，使得「精密公司」享有其他業者難以克服的競爭優勢。

轉換成本到處可見

各種行業都存在轉換成本。讓我們回頭觀察軟體產業，「奧多比」（Adobe）的護城河也是建立在轉換成本的基礎上。設計師在學校時代就開始學習該公司的 Photoshop 與 Illustrator，這些軟體的操作相當複雜，想要使用其他類似軟體，重新學習的時間相當可觀。「歐特克」（Autodesk）生產的數位設計軟體 AutoCAD 也有類似情況，這套軟體普遍運用於建築業。多數工程師大學時代都已經學會 AutoCAD，業者也不想花費時間訓練員工使用其他軟體而徒然浪費生產力。

至於金融服務業，資產經理人也存在類似於更換銀行帳戶的轉換成本。資金一旦進入某共同基金或資產管理帳戶，通常就會繼續停留在該處 —— 我們稱此為「黏性資產」（sticky assets）—— 這類資金會經年累月地繼續創造費用收入。舉例來說，共同基金產業爆發市場時效醜聞的期間，雖然某些資產管理公司被揭露從事膽大妄為的非法行為，並因此招致嚴重的法律成本與投資人贖回，但多數業者仍然得以保留足夠的管理資產，繼續創造豐碩的收入。

　　由 A 基金公司轉移到 B 基金公司，表面上涉及的成本雖然不如更換銀行帳戶，但多數人認為其效益並不明確。他們必須說服自己相信新的陌生經理人優於原來的經理人，這也等於承認自己當初選擇的經理人不正確。對於多數人來說，這是難以克服的心理障礙，所以資金通常會維持在原處。轉換成本表面上看起來不高，但轉換的效益也同樣不明確，所以多數人通常都會選擇阻力最少的路徑，也就是停留在原處。

　　能源產業丙烷分銷的轉換成本很高。美國很多鄉下地方並沒有天然瓦斯，居民取暖與燒飯都使用附近能源業者提供的桶裝丙烷。一般來說，客戶並未擁有裝載丙烷的容器，而是向丙烷供應商承租。所以，客戶如果想向其他供應商購買較廉價的丙烷，就必須打電話取消目前供應商的服務，而且必須更換容器，程序相當麻煩。

　　所以，人們不會經常更換丙烷供應商，尤其是既有的供應

商通常還會額外收取轉換的費用。這種情況下，丙烷分銷商就擁有某種程度的訂價力量，賺取偏高的資本報酬。

　　醫療保健產業內，製造實驗室設備的廠家經常受惠於轉換成本。舉例來說，沃特斯公司（Waters Corporation）生產一種精密、昂貴的儀器，專門從事液相色譜程序（liquid chromatography，簡稱 LC），主要是在淨化或品質控制過程，用來分離混合物的化學成份。舉例來說，LC 儀器可以測試水中污染物與雜質。某家業者如果想把「沃特斯」的 LC 儀器更換為其他競爭者的類似儀器，除了必須支付新設備的昂貴費用之外（＄50,000～＄100,000），還需要培養一批新的技術人員，重新學習如何使用新儀器，如此會耗費時間與生產力。LC 程序需要持續使用某些消費品，對於「沃特斯」的獲利很有幫助；所以這方面的轉換成本讓「沃特斯」得以賺取 30％以上的資本報酬。

　　讀者可能發現，我完全沒有提到消費者導向企業，譬如：零售業、餐廳、包裝業等。這是因為這些企業的最大弱點，就是**缺乏轉換成本**。你可以從某家服飾店，走到另一家服飾店，或在雜貨店挑選各種不同品牌的牙膏，這些選擇幾乎都不涉及任何成本。零售業與餐廳很難建構經濟護城河。某些業者可以透過經濟規模或著名品牌建構經濟護城河，前者譬如沃爾瑪百貨（Wal-Mart）與家得寶（Home Depot），後者例如寇馳（Coach），但一般消費者導向業者的轉換成本很低。

轉換成本不容易辨識，因為唯有充分的消費者經驗才能瞭解──你如果不是消費者，就很難體會。可是，這類的經濟護城河深具威力，而且持久，所以值得投資人花時間去琢磨。但願本章的例子能夠提供讀者一些思考根據。

　　下一章準備探討第三種競爭優勢。雖然也可以被歸類為轉換成本，但網絡效應相當特殊，屬於頗具潛力的經濟護城河，值得另闢專章討論。

關鍵重點

1. 企業的客戶如果很難轉換使用其他競爭性產品或服務，就享有轉換成本創造的競爭優勢。客戶如果不容易琵琶別抱，相關企業就能索取較高價位，有助於提升資本報酬。

2. 轉換成本可能透過各種形式出現，譬如：產品／服務與客戶營運緊密結合、貨幣成本、保留成本……等。

3. 你的往來銀行藉由轉換成本賺了不少錢。

Chapter 5

網絡效應

極為重要的優勢，讓我們促膝長談。

　　對於那些看似認識每個人的人，我實在深感佩服。各位可能也認識這樣的人——你的某位朋友，總能夠跟大家打成一片，他的名片盒就像保齡球一樣大。這些人可以創造可觀的人際網絡，因此也值得結交，因為他們認識的人愈多，大家就愈能夠彼此互惠。隨著人際網絡的膨脹，其社會價值也就愈高。

　　企業藉由網絡效應而受惠的情況也很類似；換言之，企業提供之產品／服務的價值，將因為使用者增加而提升。聽起來似乎十分單純，實際上相當不尋常。設想你最喜歡的餐廳。對於你來說，這家餐廳之所以有價值，是它能提供價格合理的美味餐點。至於餐廳究竟擁擠或空曠，你並不十分介意；事實上，你寧可用餐的人不要太多。這家餐廳的價值，幾乎與使用人數之間毫無關係。

現在，讓我們想想那些著名的大企業，譬如納入道瓊工業指數成份股的艾克森美孚？（請參考圖 5.1 的道瓊指數成份企業。）這是一家很棒的企業，該公司按照高於成本的價格銷售能源產品。對於艾克森美孚來說，客戶當然愈多愈好，但這並不是一般人決定在何處加油的主要理由。花旗銀行呢？企業決定與花旗銀行往來，不是因為大家都這麼做，而是因為該銀行提供具有吸引力的貸款。沃爾瑪呢？情況也是如此。這家大型零售業者運用龐大的經濟規模降低成本。人們前往沃爾瑪消費，不是因為其他人都這麼做，而是因為其產品價格便宜。

圖 5.1　道瓊工業指數成份企業

證券名稱	所屬產業	報價代碼
IBM	電腦設備	IBM
波音	航太與國防	BA
3M Company	多元產品製造	MMM
艾克森美孚	石油與天然氣	XOM
聯合技術	多元產品製造	UTX
開拓重工	營造機械	CAT
寶潔	家庭個人產品	PG
奧馳亞	煙草	MO
美國國際集團	保險	AIG
嬌生	製藥	JNJ
漢威聯合	多元產品	HON
美國運通	信用卡	AXP
可口可樂	飲料製造	KO
麥當勞	餐廳	MCD

證券名稱	所屬產業	報價代碼
默克藥廠	製藥	MRK
惠普	電腦設備	HPQ
杜邦	化工	DD
花旗	國際銀行	C
摩根大通	國際銀行	JPM
威訊	通訊服務	VZ
沃爾瑪	折扣商店	WMT
AT&T, Inc.	通訊服務	T
奇異電器	多元產品製造	GE
美國鋁業	鋁	AA
通用汽車	汽車製造	GM
華特迪士尼	媒體	DIS
迦得寶	家庭用品供給	HD
微軟	軟體	MSFT
英特爾	半導體	INTC
輝瑞	製藥	PFE

　　讓我們繼續討論道瓊指數的成份企業，美國運通的情況又如何呢？嗯，這家公司就不同了。美國運通為了和其他信用卡業者競爭，提供各種獎勵與紅利，但該公司的信用卡如果不是普遍被商店接受，美國運通即使提供再多的獎勵與紅利，恐怕也沒有多少人會使用該公司發行的信用卡。商家構成的龐大網絡，才是美國運通在信用卡產業通享有競爭優勢的主要基礎。對於消費者來說，愈多地方可以使用美國運通卡，該信用卡的價值愈高，這也是美國運通最近大力拓展便利商店與加油站等

小型商店市場的主要原因。

　　現在，想想美國境內的幾家大型信用卡公司。最大四家業者——Visa、MasterCard、美國運通與 Discover，總市佔率約為85％。所以，這個市場相當集中，充分說明了網絡效應展現的強大競爭優勢：以網絡為基礎的事業，自然會形成獨佔或寡佔市場。正如同經濟學家布萊恩‧亞瑟（Brian Arthur）一針見血所說道：「關於網絡事業，業者會很少（Of networks, there will be few.）。」

　　這是合理的現象。產品／服務的價值如果會隨著使用人數增加而提升，則最有價值的網絡產品，當然也就是吸引最多人使用者，如此將排擠其他較小型的網絡，而優勢網絡的規模也會愈來愈大，並隨著規模變大而愈來愈強大。所以，網絡效應屬於重要的競爭優勢。

　　由於網絡效應本身的性質，得以受惠的業者數量不會太多，因為相關產業存在「統一」的趨勢。我們可以透過簡單的方法測試這項理論，看看道瓊工業指數成份企業有哪些受惠於網絡效應。

　　就道瓊成份股來說，只有兩家企業享有網絡效應衍生的顯著競爭優勢：美國運通與微軟。前文已經談過美國運通具備的護城河，至於微軟享有的網絡效應也很容易理解。很多人使用 Windows 作業軟體，還有 Office 與 Word 等。為什麼呢？理由也就是因為很多人使用 Windows、Office 與 Word。

Windows 是個人電腦使用最普遍的作業軟體，這點應該毋庸置疑。由於這套作業軟體的運用實在太普遍，如果不懂得操作 Windows，幾乎就不可能在美國企業界生存。Word 與 Excel 的情況也差不多。即使某家競爭對手推出類似的文字編輯與試算表軟體，功能強大 5 倍，更容易學習，而且價格只有微軟產品的一半，恐怕仍然不足以影響市場，因為 Excel 與 Words 已經成為全球共通語言（不論你喜歡與否）。

事實上，多年以來，Office 一直存在競爭性產品，該產品稱為 OpenOffice，價格遠低於 Excel 與 Word——實際上是免費的，因此也是最便宜的價格。這套文字編輯與試算表軟體非常類似 Word 與 Excel，檔案大體上也與微軟軟體相容。我曾經試過 OpenOffice，感覺相當不錯。可是，這套軟體在美國主流企業市場並不受重視，因為絕大部分的人仍然使用微軟 Office，一般人當然不希望自己使用的軟體，檔案可能無法和其他人分享。

一項不錯的免費產品，如果還不能影響既有的市佔率，我想相關企業享有的競爭優勢就相當明確了。

瀏覽道瓊指數成份股，不難發現一項有趣的事實，美國運通與微軟都身處相對新穎的產業。信用卡市場的歷史大概只有幾十年，個人電腦產業的歷史更短。對於網絡為基礎的產業來說，這絕非偶然現象——相較於實體商品產業，傳遞資訊與知識的產業，更容易出現網絡效應。

情況之所以如此，是因為資訊屬於經濟學家所謂的「非互

斥性」商品（nonrival good）。多數商品在任何特定時間，通常只允許單一使用者——我如果購買一台開拓生產的推土機，當我使用該推土機時，其他人就不能使用。（這類商品稱為「互斥性」商品。）可是，當我使用美國運通的支付網絡，其他數百萬持有美國運通信用卡的人，他們也可以同時使用該網絡，或透過紐約證交所查詢美國運通的股價。某個人使用美國運通網絡或紐約證交所，並不會因此妨礙其他人使用相同網絡——事實上，愈多人使用，網絡愈有價值。

總之，網絡效應最經常出現在資訊分享或連接使用者的產業，而不是生產互斥性（實體）商品的產業。如同各位稍後將看到的，這種說法並非絕對，只是概略準則或心法而已。

我想，讀者現在已經不難理解網絡效應為何具備顯著競爭優勢的理由。競爭業者必須複製網絡，或起碼要建構功能類似的網絡，然後使用者才會評估新網絡的價值，考慮更換網絡的可能性。一般來說，這是很難克服的障礙。除非環境與時機等各方面條件配合，才可能發生這類情況，就如同後文將討論的金融交易所，但以網絡為基礎的行業，其營運一般相當穩健。想要瞭解箇中狀況，讓我們看看實際的案例，這家事業才成立將近十年，但已經成為網絡效應的經典：eBay。

網絡效應實際案例

如果說 eBay 主導美國的網路拍賣市場，就像是說安塞·亞當斯（Ansel Adams）幫美國國家公園拍了一些精彩的照片。「主導」應該是相當溫和的用詞。就目前來說，eBay 至少佔美國網路拍賣流量的 85%，但因為 eBay 造訪者每筆交易金額，相較於其他競爭網站更高，而且較可能成交，所以 eBay 的網路拍賣交易金額市佔率應該遠超過85%。根據前文有關網絡效應的討論，eBay 之所以具有競爭優勢的理由很明顯：買家願意造訪 eBay，因為此處的賣家較多，反之亦然。

即使明天有新的拍賣網站成立，其費率只有 eBay 的幾分之幾，造訪流量恐怕也很有限——沒有買家，就沒有賣家；反之，沒有賣家，就沒有買家。最初造訪新拍賣網站的勇敢使用者，不能受惠於 eBay 提供的賣家評等，無從得知交易對手的信用可靠程度，也不確定自己是否能夠取得最佳價格（因為使用者稀少）。（我曾經詢問一位申請「晨星」分析師職務的人，我如果是創業資本家，準備提供給他一筆龐大資金，請他設法成立一個足以擊敗 eBay 的拍賣網站，他準備怎麼做？想了一陣子之後，他回答「我會退還你的資金。」不錯的回答。）

可是，在某些地區，eBay 根本談不上成功，讓我們探視其中究竟。eBay 在日本完全不存在——雅虎！日本主導這個國家的網路拍賣市場。理由非常單純：雅虎！日本提供網路拍賣服

務的時機，較 eBay 早 5 個月，而且迅速累積了為數可觀的買家與賣家。另外，雅虎！日本頗有先見之明，大量推出行銷廣告，而且最初的服務完全不收費，兩者顯然都有助於累積使用者。等到 eBay 啟動時，雅虎！日本已經贏了──所運用的工具，正是讓 eBay 贏得美國市場的網絡效應。隨後幾年內，eBay 雖然試圖扳回局面，但還是不得不承認失敗，最終完全退出日本市場。

eBay 在美國與日本的發展經驗，清楚顯示網絡經濟學應該強調先下手為強，但該公司在中國的發展則顯示，先下手還是不夠的──某些情況下，網絡效應創造的護城河可能被突破。幾年前，eBay 曾經是中國規模最大的拍賣網站，造訪流量市佔率約為 90%。可是，本土的競爭者出現了，把上架費用降低到零，並且引進一些在中國市場特別具有吸引力的功能。eBay 很快就喪失市佔率，最終被迫由中國市場撤退。

關於 eBay 的討論到此為止，讓我們在看看其他網絡效應的案例。

由 eBay 衍生到 NASDAQ、紐約證交所與芝加哥商業交易所等金融集中市場，實際上距離並不遠，因為 eBay 也不過就是交易各種實體商品的網路市場。如同 eBay 一樣，金融集中市場也受惠於網絡效應，但存在某些重要的差異，凸顯出網絡經濟學的最強勁之處，但有時候也變得十分脆弱。

金融集中市場的網絡效應運作機制很簡單：市場聚集的買

家與賣家人數愈多，市場參與者對於他們想交易的資產，愈能夠找到想要交易的合理價格。運用金融術語來說，買家與賣家愈多，市場流動性愈充分。流動性包括寬度與深度，寬度是指市場參與者能夠交易的資產種類，深度是指不影響行情報價的情況下，參與者能夠交易的數量。

聽起來相當不錯，是嗎？讓網絡效應充分發揮，藉以營造既寬又深的流動性，然後鈔票滾滾流入。沒錯，類似如芝加哥商業交易所（Merc）與紐約商業交易所（NYMEX）等期貨集中市場的情況正是如此，它們藉由網絡效應營造的流動性，著實賺了不少錢。可是，有些交易所的情況稍微複雜一些，譬如向NYSE 與 NASDAQ 等股票集中市場，它們享有的競爭優勢較不明確，雖然市場流動性也夠深。

事實上，股票集中市場近幾年來的資本報酬因為競爭劇烈而顯著下降，但期貨集中市場仍然得以賺取豐碩的利潤。這是因為期貨契約被個別交易所綁架──我如果在 NYMEX 或 Merc建立某期貨契約部位，就必須在相同市場結束該部位（其中涉及的理由相當複雜，所以各位不妨相信我的說法）。期貨交易所由於更能夠控制每筆交易，獲利能力也更有保障。

可是，股票的買賣可以在許多不同的交易所進行，所以價格競爭更劇烈。舉例來說，很多市場都提供 IBM 股票的交易；所以，某專業交易者如果在紐約證交所買進 1000 股 IBM，他可以選擇價格最好的其他市場賣出。由於 IBM 的市場流動性不侷

限於單一交易所，所以任何交易所享有的網絡效應都不如期貨交易所。

這些例子告訴我們，企業如果要真正受惠於網絡效應，必須經營封閉的網絡，而且原本封閉的網絡一旦開放，網絡效應很快就會失靈。評估企業如何受惠於網絡經濟學，需要考慮一個問題：網絡如果開放給其他參與者，結果將如何？

除了金融交易所之外，我們看到其他產業也普遍存在網絡效應。西聯匯款（Western Union）就是典型的例子，相較於其最主要的競爭者，西聯匯款的網絡規模約為 3 倍，但所處理的交易量卻高達 5 倍。換言之，西聯匯款每個據點的營業量平均較多，因為使用者可以藉由此管道把款項轉移到更多地點。

對於網絡為基礎的事業來說，這是很普遍的現象。網絡規模的效益是非線性的；換言之，網絡創造的經濟效益，會因為網絡規模擴大而加速成長。各位可以透過圖 5.2 與 5.3 瞭解這方面性質，這兩份圖形比較網絡節點數量——譬如說，西聯匯款的營業據點數量——與節點連結路徑數量之間的關係。

圖 5.2　增加幾個節點，可以多出許多連結路徑

節點	連結路徑
2	1
3	3
4	6
5	10
10	45
20	190
30	435
40	780
50	1,225

圖 5.3　節點與連結路徑

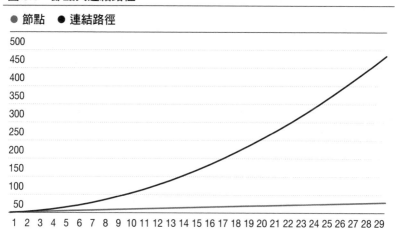

● 節點　　● 連結路徑

隨著節點數量增加，連結路徑的數量加速成長；我們不難看出其中蘊含的經濟效益。舉例來說，假定某網絡事業投入資本而擴充營運規模 50％，把營業據點由 20 個增加為 3 個；這種情況下，連結路徑將由 190 個增加為 435 個，成長幅度為130％。

　　進行這類的分析，千萬要謹慎，因為網絡內所有連結路徑的價值，對於使用者來說，未必相同。讓我們繼續考慮西聯匯款的例子。西聯匯款設立在墨西哥市場的許多營業據點，對於我居住的芝加哥比爾森（Pilsen）地區居民來說，可能很有價值，因為比爾森有很多墨西哥移民。可是，我相信，比爾森的居民應該很少匯款到中東地區的杜拜或達卡。所以，對於比爾森的居民來說，中東地區的節點與連結路徑並沒有多少價值。

　　我們大概可以歸納一些結論。對於使用者來說，網絡價值和連結路徑數量之間的關係比較緊密，和節點數量比較沒有關係。可是，隨著連結路徑的數量增加到非常龐大之後，網絡價值和連結路徑數量之間的關係會慢慢減弱。

　　我們接下來準備討論的網絡效應案例，是來自於獲利奇高而不太著名的產業：第三方物流業（third-party logistics）。聽起來或許相當無趣，但高達 40％的資本報酬，再加上超過十年而每年 20 ～ 30％的成長率，或許就會勾起各位的興趣了。類似如 Expeditors International 與 C.H. Robinson 等業者，它們如何創造如此傲人的績效紀錄呢？藉由網絡效應建構經濟護城河！

這兩家業者基本上都是透過運輸工具銜接貨主——不妨將它們看作運輸業的經紀商。C.H. Robinson 活躍於美國卡車運輸產業，主要是在貨主與卡車運輸業者之間做「牽線」的工作。C.H. Robinson 擁有的貨主關係愈多，就愈能夠吸引卡車運輸業者，反之亦然。這可以說是網絡效應的經典案例，也是非常重要的競爭優勢。

　　Expeditors International 的情況稍有不同。該公司從事國際性的運輸業務，而不單純是「牽線」的中介者；基本上，該公司的工作，是應客戶要求而在特定期限內，把貨物運送到特定地點，並處理所有的相關細節。Expeditors 必須以客戶的名義，安排飛機或船隻的載貨空間，裝載貨物，而且要處理整個運輸過程的報關、倉儲……等細節。

　　Expeditors International 的經濟護城河建立在廣泛的營業據點上，使其能夠更有效率地服務客戶，因為客戶不論需要把貨物運往何處，起點與終點很可能都有該公司設立的營業據點。關於這點，我們可以做些財務探索。網絡效應如果真能發揮作用，則 Expeditors 每個據點的營運收益應該會隨著新據點增加而提高。實際上的情況正是如此，請參考圖 5.4。

圖 5.4　Expeditors International 每個據點的營運收益（＄1,000）

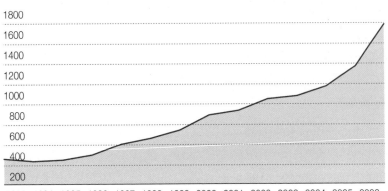

總之，繞了一大圈之後，我們準備討論本章最初曾經提到的社交蝴蝶。企業執行協會（Corporate Executive Board）是一家商業機構，提供客戶企業策略，包括營運與一般管理之最佳執行方法與分析，協助大型企業之高階主管瞭解其他企業如何解決類似問題。各位應該不難瞭解箇中存在的網絡效應——企業執行協會之網絡涵蓋的企業愈多，愈能夠提供有用資訊給其成員。把網絡成員連結起來，也有助於解決一次性問題。

公開研究資料的價值往往不如網絡，這正是該企業享有的真正優勢。舉例來說，你如果是一位時間有限的大型企業高階主管，你會參加哪個網絡呢？你當然會選擇已經擁有許多大企業高階資深主管的網絡，因為這些人正是你的競爭對手，你當然希望隨時瞭解他們的想法。企業執行協會的任何潛在競爭者，

如果想要成功地參與競爭，首先就必須複製這個網絡，但就此而言，如果既有網絡持續成長，恐怕就不能成功。

如同各位看到的，網絡效應可以創造威力強大的競爭優勢。雖然不是全然不可克服，但競爭者在一般情況下很難突破。這是一種不容易找到的護城河，但相當值得花工夫尋找。

關鍵重點

1. 產品／服務的價值會隨著使用者增加而提高，就意味著相關企業受惠於網絡效應。典型的例子包括信用卡、拍賣網站與金融交易所。

2. 網絡效應屬於威力強大的競爭優勢，這類效應經常發生在分享資訊的產業，或銜接使用者的產業。

Chapter 6
成本優勢

價格如果是消費者購買決策的主要考量基準，掌握成本！

　　截至目前為止，我們討論的競爭優勢，都圍繞在價格之上，也就是企業能夠因為競爭優勢而向客戶索取更高價格。無形資產、轉換成本與網絡效應等競爭優勢，都讓企業能夠針對其提供之產品與服務索取較高價格。而與價格對應的，當然就是成本；企業如果能夠在成本方面取得同業所沒有的優勢，就能據此建立護城河。

　　成本優勢有時候相當持久，有時候則很快消失；所以，我們分析競爭者是否得以複製成本優勢時，務必要特別注意這點。過去幾年來，很多企業拍胸脯吹噓它們如何把客服中心或製造據點轉移到成本較低的其他世界地區，譬如：中國、印度與菲律賓等，似乎只因為某些中階主管建議把一些業務外包給勞工成本低80％的地區，企業經營者的集體智慧就因此倍增。

這並不是天才之作，也不是持續性競爭優勢，因為這些低成本的外包廠家或資源也同樣可供其他競爭者運用。如果某汽車零件供應商開始把低附加值的零件轉移到中國生產，各位認為其他同業多久之後也會做類似的安排？我想，應該不會太久，因為同業競爭者等愈久，生意也會流失愈多。受到全球化經濟風潮席捲，對於價格敏感的產業來說，業者想要存活，就必須盡可能降低原料與零件的成本。

價格如果是決定客戶是否購買的主要決策依據，成本優勢當然就很重要。這類產業通常稱為商品產業（commodity industry），但未必全然如此。舉例來說，相較於 AMD，英特爾顯然擁有成本優勢，但微處理器並不屬於真正的商品。（嚴格來說，所謂的商品，是指除了價格之外，沒有其他方面差異的產品。）英特爾生產的晶片，當然不同於 AMD 的晶片，但從使用者的立場來看，兩者之間沒有什麼差異，一般人會選擇性價比較佳者。英特爾雖然享有長期較低成本的優勢，但 AMD 晶片的表現如果明顯較好──有一陣子確實是如此──使用者可能暫時轉換。

由晶片之類的小東西，乃至於客機之類的龐然大物，情況大概都是如此。商用客機雖然是結構複雜的產品，但由航空公司業者的角度來看，波音 737 與空中巴士 A320 並沒有多大差別，它們的航程差不多，載客量也大致相同。所以，航空公司挑選飛機製造商──波音或空中巴士──主要是考慮廠家提供的

條件，基本上是以價格為依據 *。（某些航空公司只採用單型飛機，但這些業者屬於例外，譬如：西南航空 [Southwest] 與捷藍航空 [JetBlue]。）

美國汽車與日本汽車之間的情況也大概是如此。大家都知道福特 Taurus 與本田 Accord 是兩種不同的車，但它們的功能基本上相同。所以，就此兩者來說，價格較低者往往就能贏得市場青睞（或許還要考慮拋錨發生機率）。對於相同等級的車子，價格經常左右買賣決策的關鍵因素。

成本優勢有四種可能來源：**較便宜的生產程序、較佳的地理位置、特有資產**與**經濟規模**。經濟規模創造的成本優勢又存在多種不同形式，我們準備用第 7 章整章來說明這個重要主題。本章後文將討論剩餘的三種成本優勢。

較佳的生產程序

生產程序造成的優勢相當有趣，因為從理論上來說，這種競爭優勢不該長期存在。一家企業如果找到某種方法可以按照更低成本提供產品或服務，同業競爭者應該很快就會模仿，使得這方面的成本優勢不復存在。沒錯，這種情況終究會發生，

---

* 至於新型的波音787，情況則稍微不同，因為這型飛機包含一些空中巴士還不能提供的新科技。可是，舊型噴射機的買賣決策，主要是取決於價格。

但所需要耗費的時間可能較一般人預期更久。這段期間裡，享有生產程序優勢的企業可以賺進不少錢；可是，為什麼會如此呢？

我不想重複敘述類似像戴爾電腦或西南航空等業者，為何能夠享有生產程序方面的優勢，因為這方面的故事，我們已經聽過太多次了。戴爾電腦跳過經銷商的中間剝削，直接把產品賣給最終使用者，並透過訂貨生產的方式，降低個人電腦的存貨數量。西南航空只採用單種客機，盡可能減少昂貴的留地時間，培養節儉的企業文化。

我想，真正有趣的，不是戴爾電腦與西南航空所銷售的個人電腦與機位，如何能夠採用較低的成本結構，而是為什麼在眾所周知的情況下，兩家業者能夠透過這種方式取得市佔率。關於這個問題，兩者的答案各自不同，但都值得探究。

就西南航空的情況來說，其他航空業者之所以沒有複製其低成本策略，涉及的理由有幾點。第一，僵化的工會結構讓大型航空業者的機師們不願意協助清理飛機。第二，西南航空採用的點對點航程安排，讓大型航空公司很難運作於的主要航運中心，尤其是在國際航線部分。第三，西南航空是一家積極採行平等化的業者——沒有經濟艙、商務艙之類的劃分——而其他業者卻讓某些乘客得以享受貴族或皇家成員般的待遇，並針對這方面特權索取高昂費用。總之，主要航空公司如果試圖取得西南航空享有的成本優勢，就必須破壞既有的營運方式，這當

然非常困難。

可是，這些理由並不能解釋其他幾十家剛起步的航空公司，它們為何不能踏上西南航空的成功之路。一方面是因為西南航空已經鎖定了次級飛機場起降跑道的使用權，另一方面是西南航空頗有先見之明，預先佔滿了飛機製造工廠所能生產的新飛機，而新飛機的營運成本遠低於舊飛機。另外一項同樣重要的理由，是西南航空的羽翼已豐，在其他大型航空業者察覺其威脅之前，已經取得龐大的營運規模——這個時候，西南航空已經無法輕易被剷除了。至於其他新加入競爭的航空業者，初期階段就必須面臨主要業者針對其飛行航線採行的劇烈價格競爭，由於新成立的小型航空公司，其航線數量相當有限，因此禁不起虧損而被迫結束營運。

個人電腦市場的既有玩家，它們之所以沒有跟進採行戴爾電腦的營運模式，主要理由也和西南航空案例一樣：銜接個人電腦製造商與最終消費者之間的經銷商與零售商的系統，在整個行銷網絡上太過重要。IBM、康柏電腦或任何主要業者如果想模仿戴爾的營運模式，就必須破壞既有的營運體系。可是，新成立的業者為何不模仿戴爾的策略呢？

事實上，有幾家個人電腦業者——美光（Micron）與捷威（Gateway）——曾經在 1990 年代試圖模仿戴爾的營運模式，但這兩家業者都失敗的很慘。美光忙著經營其他幾種業務，因此不能有效複製戴爾效率超高的供給鏈，捷威為了差別化而邁入

消費市場，自行成立零售商店。我們現在或許難以置信，但在 1996 年底，戴爾與捷威的營運規模與獲利能力都大致相當。不過，隨後兩者顯然步上全然不同的營運路徑，戴爾把存貨降低到史無前例的水準，捷威則在零售商場成立販售店面。

在我們提出相關結論之前，再看看幾個擁有生產程序成本優勢的案例。紐柯鋼鐵（Nucor）與 Steel Dynamics 都是小型鋼鐵廠，其生產程序成本，顯著低於美國鋼鐵（U.S. Steel）與伯利恆鋼鐵（Bethlehem Steel）等大廠的舊式整合生產程序。紐柯鋼鐵於 1969 年開始生產低級鋼鐵產品，很快就藉由較低成本與較有彈性之產品而從大型鋼鐵廠搶得部分市佔率。Steel Dynamics 是由紐柯鋼鐵的離職員工在 1990 年代中期成立，基本上採用紐柯的類似生產程序，但技術進步了 25 年。

這個例子裡，紐柯與 Steel Dynamics 都引用既有廠家沒辦法採用的新技術，因為既有廠家所採用的生產程序已經投入數以十億的沈沒成本，不太可能完全拋棄而重新來過。其他新進成立的鋼鐵廠可以──事實上也確實如此──採用類似的小廠生產程序，舊式的高成本整合業者大幅讓出市場，使得紐柯與 Steel Dynamics，以及其他新進成立小廠得以賺取不錯的資本報酬。

對於這三個例子──西南航空、戴爾電腦與小型鋼鐵廠──讓我們看看目前的情況。它們現在仍然是不錯的企業，但護城河的功能已經不如 5 年或 10 年前。什麼緣故呢？

西南航空的生產成本仍然顯著低於大型航空公司──事實上，其生產程序並不難複製──但類似如捷藍航空與 AirTran 等競爭者逐漸能夠取得新飛機，而且也取得廉價的次級飛機場起降跑道使用權。另外，大型航空業者的財務狀況惡化，使得這些低成本業者得以擴大經營規模──主要航空公司想要求取生存已經相當不容易，沒有多餘的資源可以排擠新進業者。所以，新進業者得以複製西南航空的成功秘方，取得類似的成本優勢。

　　至於戴爾電腦，則仍然是個人電腦的低成本生產業者，但其優勢已經因為其他業者參與競爭而減退，譬如惠普（H＆P）重新整頓營運模式而刪減成本，還有類似 IBM 等高成本業者把個人電腦部門轉售給聯想集團（Lenovo）。另外，個人電腦市場結構的改變，對於戴爾也構成傷害。戴爾電腦擅長銷售廉價桌上型個人電腦給企業機構，以及瞭解自身需求的個人消費者，但個人電腦最近的成長，大多在筆記型電腦與大眾市場消費品。戴爾在筆記型電腦方面幾乎完全不具備成本優勢。對於電腦缺乏專門知識的消費者，他們通常需要零售商店售貨員的協助。

　　最後，小型鋼鐵廠面臨全球型企業的激烈競爭，譬如總部設立在盧森堡的安賽樂米塔爾（Arcelor Mittal），這家鋼鐵廠在世界各地成立低成本的生產據點（舉例來說，哈薩克的勞工成本非常低廉）。隨著貿易障礙逐漸消除，規模經濟帶來的競爭日益劇烈，小型鋼廠原本具備的成本優勢也持續喪失。

　　這些案例告訴我們，生產程序方面的成本優勢，確實可以

造成暫時性的護城河，前提是既有業者不能有效複製，或複製該程序將破壞既有經濟程序，而且其他競爭者也無法複製相關程序。可是，前文談到的兩個例子——戴爾電腦與西南航空——其成功是因為潛在競爭者沒有採取行動（或採取不恰當的行動，譬如捷威）。護城河如果是奠定在競爭對手的懶惰或疏忽之上，顯然不可靠。所以，生產程序為基礎的護城河需要密切檢視，因為成本優勢經常因為競爭者複製程序或發明新程序而消失。

地點，地點，地點

　　另一種成本優勢是來自於地點。相較於生產程序，地點創造的成本優勢更耐久，因為地點更不容易被複製。這類的成本優勢最經常出現於大型而廉價的商品（每單位重量的價值偏低），而這類產品通常都在產地附近銷售。

　　首先，讓我們回顧本書第 3 章討論的垃圾處理業與集料產品業者，它們屬於平凡而獲利頗佳的行業。除了特許執照方面提供的護城河之外，多數社區都不希望設立新的垃圾處理場與砂石場，所以這些行業也擁有明確的地點成本優勢。卡車搬運垃圾或砂石的運輸距離愈遠，成本也愈高。所以，砂石場或垃圾處理場與相關消費者之間的距離愈近，營運成本通常也愈低，這也意味著其他同業者很難在這方面參與競爭。

　　讓我們看看砂石集料業者的營運，就能清楚瞭解相關情況。

不考慮運費，砂石價格大約是每噸＄7，卡車運輸成本大約是每英里＄0.10～＄0.15。所以，砂石成本大約是每5～7英里運輸距離就增加10%，運輸成本自然由客戶承擔。由於運輸成本的關係，砂石場對於附近營建客戶幾乎享有獨佔地位，也就是說砂石場在半徑50英里的營運範圍內，幾乎是沒有競爭對手的。

　　預拌水泥廠的情況也很類似，在營運半徑內享有幾近於獨佔的訂價力量。各位可能覺得很奇怪，這些水泥廠經常座落在市中心附近，與周遭市容極不協調。這些水泥廠是附近營建工程的水泥廉價供應商，獲利通常非常可觀──可能支付很多稅金，因此協助業主對抗那些試圖在當地興建廉價公寓的政客。如同砂石場的情況一樣，預拌水泥廠在其營運範圍內，經常享有獨佔地位。

　　某些情形下，雖然不是全部──鋼鐵廠也享有難以複製的地理位置廉價成本。舉例來說，韓國過去的國營事業浦項鋼鐵（Posco）就主導韓國鋼鐵市場，產量約佔全國的75%。浦項鋼鐵雖然必須進口原物料，對於成本有所妨礙，但其座落位置附近，存在龐大的汽車與造船產業，其鋼鐵產品在運輸成本上享有顯著優勢。另外，浦項鋼鐵運送到中國，只需要一天的航程；因此，相較於浦項的產品，巴西或蘇聯的鋼鐵，原料成本雖然比較便宜，但運輸成本則顯著偏高。目前，隨著中國鋼鐵廠家的升級，已經能夠生產大量的高級鋼鐵，浦項享有的優勢稍微減損，但在最近確實發揮強大威力。

礦產，關鍵在於礦產

第三種成本優勢，通常侷限於擁有世界級獨特資產的商品生產者。一家幸運的企業如果擁有開採成本低廉的某種天然資源，經常能夠享有競爭優勢。

舉例來說，Ultra Petroleum 是一家中等規模的能源業者，它所生產的天然氣成本非常低廉，因為該公司在美國懷俄明擁有條件特殊的礦產。這家公司搶先在競爭對手之前，大量買進廉價的礦產土地，因此獲利能力約為北美地區一般業者的兩倍。譬如說，該公司開鑿每口天然氣井的平均成本約為 $ 700 萬，而北美其他業者開鑿蘊含量類似天然氣井的成本則為 $ 1,700 ～ $ 2,500 萬。這是非常顯著的成本優勢，使得該公司在「晨星」調查的能源公司中，享有最高的資本報酬率。

另一家享有類似成本優勢的企業，是「晨星」多年來持續追蹤的小型礦產業者，名稱叫做 Compass Minerals，專門生產岩鹽（運用於公路除冰，而不是食用鹽）。該公司在加拿大安大略省擁有一個叫做 Goderich 的礦產，其礦鹽的生產成本屬於全球最低水準，因為目前開採的礦脈厚度超過 100 英尺，規模龐大。另外，Goderich 座落在休倫湖畔，享有優異的地理位置，礦產運送到美國中西部的成本顯著於河流或運河的運輸。

我們如果仔細觀察，將發現這類的成本優勢並不侷限於礦產公司。讓我們看看巴西的 Aracruz celulose，這是全球規模最

大的紙漿廠，而且其生產成本也最低。理由何在？很簡單：生產紙漿的桉樹（尤加利樹），在巴西的成長速度遠快於其他地區。（由樹苗到成樹的期間，巴西約為 7 年，鄰國智利為 10 年，其他氣候條件類似北美的地區，則需要 20 多年。）所以，Aracruz 的生產資源每 7 年就能更新，其他競爭者則需要多花 50％到 200％的時間；換言之，該公司在這方面享有顯著的成本優勢。

雖然便宜，但持久性如何？

成本優勢可以是非同小可的競爭優勢，但有些可以持續得很久，有些則否。生產程序為基礎的成本優勢，通常值得密切觀察，這種優勢即使能夠持續一段期間，經常是因為競爭者暫時受到限制而不能複製其程序。這方面限制一旦消失，護城河往往很快就會被突破。營運地點與擁有獨特天然資源而產生的成本優勢，通常比較持久，分析上也比較可靠。享有地點成本優勢的企業，通常享有某種程度的市場獨佔地位，而「世界級」的天然資源，顧名思義很難複製。

經濟規模當然是最重要的成本優勢之一，這方面優勢創造的護城河通常很耐久。什麼情況下，經濟規模會愈大愈好呢？這是下一章準備討論的主題。

關鍵重點

1. 價格如果是消費者購買決策的主要考量基準,成本優勢在這類產業通常會扮演重要角色。思考產品／服務是否存在明顯的替代品,如此有助於投資人找到成本優勢得以創造護城河的產業。

2. 較便宜的生產程序、較佳的地點,以及獨特的天然資源,這些條件都可以創造成本優勢——但對於便宜的生產程序必須特別謹慎。某個業者能夠發明,其他業者就能複製。

Chapter 7

規模優勢

愈大可能愈好，
如果你知道如何判斷的話。

規模龐大，只能佔有相對優勢

當我們思考源自經濟規模的成本優勢，務必記住一點：絕對規模的重要性，遠不如相較於同業的相對規模。舉例來說，波音與空中巴士是主導航太產業的兩家大型業者，它們彼此之間非常不可能出現相對規模的優勢。可是，如同本章稍後討論的，一家業者的規模即使很小，但相對於其他同業競爭對手，如果其規模夠大，就能建構有效的護城河。

想要瞭解經濟規模的優勢，需要記住固定成本與變動成本之間的差別。就一般零售商店來說，固定成本包括租金、水電費、員工的基本薪資。變動成本包括陳列架上待售的商品的批發成本，還有假期必須支付的額外工資。至於房屋仲介公司，

情況剛好相反，所有的成本幾乎都是變動成本。除了辦公室、電話，還有銜接房屋資料庫的電腦，仲介的主要成本多是佣金，後者會隨著房屋銷售量而變動：沒有銷售，就沒有佣金。

大體說來，固定成本相對於變動成本的比率愈高，產業的統合程度也愈高，因為經濟規模的效益愈明顯。所以，全國性的包裹快遞業者、汽車製造業者、微晶片製造業者的數量很有限，但房地產仲介、諮詢顧問、法律事務所、會計師事務所的數量眾多。相較於一家擁有 10 位律師的事務所，擁有 1,000 位律師的事務所並不會有顯著的成本優勢。後者可能提供範圍更廣泛的服務，可能在這方面創造更多的收益，但相較於小型業者，大型律師事務所並不會有明顯的成本優勢。

我們可以把規模為基礎的成本優勢，進一步劃分為三類：經銷、製造與利基市場。雖然經濟學原理課程特別強調製造業的經濟規模，但我的經驗顯示，大型經銷網絡或明確利基市場的成本優勢也同樣重要——而且對於服務導向的經濟體，此兩者也會愈來愈普遍。

小貨車的價值

大型經銷網絡可以創造顯著的競爭優勢，各位只要思考貨物由 A 點運送到 B 點涉及的經濟學，就能理解這點。讓我們考慮經營一家卡車運輸事業的固定與變動成本。卡車本身不論購

買或租賃──屬於固定成本，駕駛薪資與大部分汽油燃料也是如此。真正的變動成本，大概只有忙碌期間的加班工資，以及某部分的汽油。（卡車行駛正規運輸路線的汽油燃料，屬於固定成本，卡車行駛非正規運輸路線的燃料成本，則屬於變動成本。）

建構與經營運輸網絡，並提供基本的運輸服務，業者必須投入大量資本，但每項額外運輸貨物創造的利潤則非常可觀。不妨這麼想──固定成本一旦回收，正規路線上額外每運輸一件貨物，都能創造顯著的利潤，因為後者涉及的變動成本微乎其微。現在，假想你是個新進業者，想要與一家已經擁有既定運輸網絡的業者競爭。這家業者的業務量已經足以涵蓋固定成本，而且每額外運輸一件貨物，就能創造顯著的利潤，而你卻必須暫時忍受龐大的虧損，直到經濟規模到達某種程度為止。

事實上，優比速（UPS）的資本報酬之所以遠超過聯邦快遞（FedEx），主要理由之一，是前者經營逐戶送貨的業務，而後者經營隔夜快遞服務。相較於隔夜快遞服務，稠密的地面運輸網絡更能創造優異的資本報酬。載運量即使只有半滿，送貨車也應該不至於虧本，但對於講究運送時效的快遞服務，載運量如果只有半滿，噴射貨機可能不敷成本。

凡是需要運輸網絡配合的事業，都可以建構這類的經濟護城河。讓我們看看達登餐廳（Darden Restaurants）的例子，該公司經營北美地區的紅龍蝦（Red Lobster）連鎖海產餐廳。看

起來似乎沒什麼特別，但要把新鮮海產運送到遍佈整個北美的650家餐廳，工程頗為浩大──由於擁有龐大的網絡，因此相較於其他同業，達登能夠更有效率地進行運輸，顯然受惠於其運輸網絡的規模。

　　現在觀點由蟹螯轉移到醫療廢棄物業，我們也看到運輸網絡提供的經濟規模效益。Stericycle是美國境內規模最大的醫療廢棄物收集和處理企業。相較於規模最接近的同業競爭者，Stericycle的規模大了15倍，其營運網絡的稠密程度是同業無法相提並論的。每條路線涵蓋更多的醫院據點，因此營運毛利更高；換言之，龐大而稠密的營運網絡，使得Stericycle可以收取更低廉的費用，而事業仍然保有更高的獲利。

　　龐大的經銷網絡，是一種不容易複製的成本優勢，經常能夠形成穩固的經濟護城河。我們可以看到許多這類的案例，譬如美國境內規模最大的食品服務供應商西斯科（Sysco），還有美國規模最大的緊固產品供應商之一快扣（Fastenal），以及可口可樂、百事可樂和帝亞吉歐（Diageo）等大型飲料企業。

愈大可能愈好

　　成本優勢也可能來自於製造規模。這方面的最典型狀況，就是擁有裝配線的工廠。這類工廠的產能愈接近100％，獲利程度愈好，工廠規模愈大，每件產品分攤的固定成本（譬如租金

與水電費等）愈少。另外，工廠規模愈大，愈能夠專精於個別工作或某種特定產品。最近，由於中國與東歐地區提供廉價的勞工，北美與歐洲具備的製造規模經濟效益似乎有減弱的跡象。雖說如此，對於某些企業來說，這方面的優勢仍然重要。

艾克森美孚可能是最佳案例，該公司在很多營運領域都擁有經濟規模，因此其整體營運成本低於其他任何超級綜合石油公司。對於探勘與鑿井等上游業務，經濟規模效益比較不明顯，但對於煉油與化學業務，這方面效益很顯著，其資本報酬遠優於瓦萊羅能源（Valero）與巴斯夫公司（BASF Corporation）等競爭對手。

享有製造規模的效益，不一定要擁有較大的生產設備。不妨這麼想，製造規模之所以具備效益，是因為銷貨數量愈大，每件產品分攤的固定成本愈低，所以非製造業也可以享有經濟規模的效益。舉例來說，電動遊戲巨人藝電（Electronic Arts）推出新產品，單位成本顯著低於其他小型業者，因為推出新產品的總成本相當固定，目前大約是 $2,500 萬，但因為藝電的銷貨量較大，所以每單位產品分攤的固定成本較少。

跨過大西洋的英國，我們也看到 BskyB 展現類似的成本效益。Sky 是英國規模最大的付費電視業者，由於其訂閱戶大約是最近競爭同業 Virgin Media 的 3 倍，所以有能力高價取得較受歡迎的節目，包括足球比賽即時轉播、首輪電影，以及熱門的美國電視節目，於是吸引更多的訂購戶，然後又讓 Sky 擁有更

大的財務後盾爭取好節目。如果其他同業不願暫時承受虧損而藉由更高價格和 Sky 競爭好節目，Sky 恐怕就能繼續維持穩固的經濟護城河。

小池塘的大魚可以賺大錢

最後一種規模優勢，是來自於利基市場的主導業者。企業營運的絕對規模即使不大，但只要在特定市場擁有顯著的相對規模，仍然可以創造可觀優勢。事實上，某個市場如果只允許一家業者存活，該業者往往就能享有幾近於獨佔的地位，因為其他業者沒有動機耗費資本進入該市場。

舉例來說，《華盛頓郵報》在 Boise、Idaho……等幾個小城市擁有一些閉路電視系統；這些城市很小，只允許一家閉路電視業者存在。其他業者不會考慮投入資本參與競爭，因為市場規模太小，不足以支持另一家業者；換言之，如果出現第二個閉路電視系統，則包括新進業者與既有業者恐怕都不能賺錢。雖然隨著衛星電視的發展，這種小城鎮閉路電視的經濟效益顯著受到影響，但仍然可以視為利基市場護城河的典型例子。

擁有利基市場護城河的企業，即使生產非常尋常的產品，也可以創造驚人的資本報酬。舉例來說，各位可能認為，工業用幫浦實在缺乏想像空間，但製造食品加工使用的幫浦與噴漆，卻可以大賺錢。座落在明尼阿波里斯的小企業固瑞克公司

（Graco, Inc.）就是製造這兩種產品，創造 40％的資本報酬。

怎麼可能呢？首先，高級工業幫浦市場規模不大，對於財務健全的大型業者來說，實在缺乏吸引力。其次，固瑞克很肯花錢做研究，研究開發費用約佔銷貨總額的 3、4％，持續掌握這方面的先進技術。再者，對於最終消費者來說，固瑞克產品創造的效果非常凸顯，但通常只佔總生產成本的一小部分。想想家具的染色和塗漆，或新車的裝飾圖樣——這些最後的潤色花不了多少錢，卻是消費者最先看到的東西。對於桌子或跑車來說，這方面的額外花費很有限，但絕對會促進固瑞克的毛利。

這類的競爭優勢雖然最經常出現在小型製造業者，但未必侷限於工業廠家。舉例來說，有一家小型軟體企業，公司名稱叫做 Blackboard，這家業者大約掌握了學習管理系統的三分之二市場，產品普遍運用於大學教育，協助教師與學生之間的溝通。Blackboard 軟體允許教師貼出作業佈告，協助學生們合力完成學習計劃，增進教師與學生之間的溝通。就如同工業幫浦一樣，這個市場的規模不大，所以不會吸引類似微軟或奧多比之類的大型業者。另外，這是個相當專業的市場，任何潛在同業想要參與競爭之前，可能先要花費相當可觀的資源，才能瞭解消費者需要什麼——然而因為市場規模很有限，很少業者願意這麼做。

關於利基市場的主導業者，最後讓我們看看基本建設的私有機構。這類企業在美國雖然不常見，但在世界其他地區則愈

來愈普及，像機場可能是這方面最顯著的例子。全球各地的許多機場都屬於私有企業，包括墨西哥境內的絕大多數機場，紐西蘭的奧克蘭（Auckland）機場，阿姆斯特丹的史基浦（Schipol）機場，以及其他等等。機場必須通過主管機關的核准，這種無形資產當然是一種競爭優勢，但獨佔經濟學也適用於此。很多市場的空中交通流量，只足夠支持單一機場，所以競爭者即使能夠取得營運機場的許可，恐怕也無法在奧克蘭或 Puerto Vallarta 附近經營賺錢的機場。這方面的限制使得市場不會出現新的競爭者，也讓很多機場因此享有寬廣的經濟護城河。

關鍵重點

1. 小池塘裡的大魚，條件勝過大池塘裡的大魚。請注意魚相對於池塘的大小比率，而不是絕對大小。
2. 運輸成本如果遠低於其他同業競爭對手，可以創造顯著的經濟利益。
3. 規模經濟可能創造持續性的競爭優勢。

Chapter 8
崩解的護城河

我喪失了優勢，但我永不放棄。

截至目前為止，我們都一直討論各種強勁競爭優勢的徵兆——得以創造經濟護城河的企業結構特質。這種情況下，投資相對單純：我們只要尋找具備護城河的企業，等待價格適當的買進機會，然後進行投資，享受競爭優勢帶來的長期投資效益。不幸地，我們所處的世界不會保持靜止不變，使得投資變得異常複雜。

競爭地貌發生不可預期的變動，可能讓全世界最棒的分析變得全然不適用。即使就在十年之前，身為紐約證交所的專業報價商，等於是擁有印製鈔票的執照；現在，這已經是被時代淘汰的行業。30 年前，拍立得（Polaroid）在攝影領域帶來革命性發展，但這家產業遠在數位影像取代傳統底片攝影之前，就已經沒落了。長途電話與報紙都曾經是獲利穩定的行業，但現

在只能苟延殘喘。這類的例子實在不勝枚舉。

　　所有這些企業都曾經擁有強大的競爭優勢，但因為外在環境的改變，結果導致優勢喪失。改變雖然代表機會，但也可能因此破壞原本寬廣的經濟護城河。所以，對於我們投資的企業，必須持續監控其競爭地位，留意護城河可能遭到侵蝕的徵兆。投資人如果能夠及早發現競爭優勢減弱，或許可以趁早停利成功的投資，或讓失敗的投資迅速認賠。

遭受重擊

　　這方面的威脅有兩個層面。首先是科技公司，如銷售軟體、半導體、網路設備等等——可能在技術競賽過程落後。事實上，多數科技業者當初就很難創造持續性的競爭優勢，所以原本就不存在的護城河很難被摧毀。在技術上被同業競爭者取代，這是多數科技業者面臨的宿命，因為科技企業必須仰賴更好／更快速／更便宜的產品才能勝過同業。所以，市場如果出現更好的產品，競爭優勢可能在短短幾個月之內喪失。如同某學術研究報告對於競爭優勢所做的簡潔評論：「長期而言，任何東西都不可靠。」

　　有些情況下，某種產品遠優於其他類似產品，使得相關企業成為該產業的標準——黑莓公司（Research in Motion）生產之黑莓手機提供的電子郵件設備就是典型的例子。可是，更常見

的是一些不足以設定產業標準的科技產品業者，它們很快就被人遺忘（各位還記得 Palm 嗎？），或掙扎一段期間之後，被其他業者併購。

對於非科技業者來說，某種技術的突然崩解，屬於較難以預期也較嚴重的威脅。因為這些業者在技術發生永久性變動而傷及其根本經濟之前，看似擁有非常堅實的競爭優勢。相較於當初原本就幾乎不存在的優勢遭到破壞，一個被視為永恆印鈔機的事業突然喪失優勢，則是完全另一回事。

有關技術突然崩解的例子很多。各位不妨想想伊士曼柯達公司（Eastman Kodak），這家業者幾十年來一直是攝影底片的主要生產廠家，因此被視為是印鈔機，到了目前的數位時代，該公司只能勉強苟延殘喘。2002 年到 2007 年期間，柯達的累積營業收益只有 $8 億，相較於 5 年前，衰退程度高達 85%。柯達在數位攝影領域究竟是否能夠成功還是疑問，但消費電子產品的產品生命週期短暫，使得這家原本銷售底片和化學藥品的高獲利業者，勢必面臨艱困的挑戰。

報紙過去也是獲利最穩定的行業之一，只要提供地方新聞，就能憑藉著廣告收益，創造可靠的現金流量。受到網際網路的衝擊，這種情況已經不復存在。新聞報紙雖然不會消失，但非常不可能繼續享有過去的高獲利。

網路也徹底摧毀長途電話事業，這是另一個過去曾經獲利豐碩的產業。數十年來，電話公司控制著人們遠端溝通的管道

而印製鈔票。現在，電話可以透過網路協議進行銜接，使得電話公司面臨過去所不曾遭遇的結構性變動。任何人只要擁有電腦，配合適當的軟體，就能撥打長途電話，每分鐘用不了幾毛錢，於是長途電話公司過去的金雞母不再下蛋了。

關於網路對於音樂出版事業造成的衝擊，你只要隨便問一些熟知音樂事務的人，就知道箇中答案。

最後一個例子，是股票交易所最近幾十年來的發展，尤其是場內交易員與專業報價商扮演的功能，這些應該是投資人熟悉的經驗。1970 年代末期，當 NASDAQ 站穩腳步之後，就充分顯示除了人工撮合的實體交易市場之外，全然電子化的交易平台也是可行的替代方式，潘朵拉盒子於是打開了。隨著 NASDAQ 成交量逐漸放大，再加上通訊與運算成本日益降低，終於促成了類似 Archipelago 之類不透過集中市場進行撮合的交易網絡。繞過場內交易員與專業報價商的成交量愈大，這些專業者扮演的功能也就顯得愈不重要，而且買 - 賣報價之間的價差拉近，也壓縮了這些專業玩家的獲利空間。

不可否認地，對於整個產業造成結構性傷害的技術性崩解現象相當罕見，但投資人如果沒有即時察覺，勢必遭逢痛苦的經歷。請記住，某特定技術一旦崩解，對於使用該技術建構護城河的業者，它們所受到的傷害程度，可能遠超過那些販售該技術的業者，雖然使用相關技術業者的投資人，可能不認為自己擁有科技股票。

產業地震

前文提到技術變動可能摧毀原本十分穩固的經濟護城河；同樣地，產業結構變動也可能對於某些企業擁有的競爭優勢造成持續性傷害。這方面值得注意的常見變動，是原本如同散沙的消費者趨於整合。

就美國來說，類似 Target 與沃爾瑪等大型零售業的興起，徹底衝擊了許多專門生產消費產品業者的經濟面貌。我們看到，高樂氏（Colorox）與諾威屈伯德（Newell Rubbermaid）等業者的定價能力明顯減退，雖然涉及的原因當然很多，但消費者的議價能力增強，顯然是主要因素之一。就諾威的案例來說，該公司品牌也受到 Office Max 與史泰博（Staples）的衝擊，因為這兩家企業大力推銷私有品牌的辦公室用品。

另外，零售產業裡，我們也看到家庭經營的五金行也逐漸被勞氏（Low's）與家得寶等連鎖業者取代。這種情況下，即使是一些擁有著名品牌的業者，譬如史坦利七和（Stanley Works）或百得（Black & Decker），現在也喪失定價能力，因為其產品有相當高的比例通過勞氏與家得寶進行銷售，而後者的議價能力顯著超過形同散沙的家庭式五金行。

產業地貌的變動，當然未必是地域性的。東歐、中國與其他地區的廉價勞工納入全球勞工市場，徹底破壞了許多製造業的經濟結構。某些情況下，勞工成本差異的影響顯著，使得某

些業者原本享有的地區性競爭優勢護城河不復存在，因為廉價勞工節省的成本，足以抵銷昂貴的運輸成本。美國木製家具產業的遭遇就是如此。

另一項值得注意的變動，是產業出現非理性的競爭者。某些被視為策略性的產業，政府可能基於政治或社會考量而採取特殊行動，即使這些行動可能減損獲利能力。舉例來說，飛機的噴射引擎製造業，長期以來就只有三家寡佔業者，包括奇異、普惠（Pratt & Whitney，是由聯合技術公司擁有的企業），以及英國的勞斯萊斯。根據這個產業長久以來的作業方式，引擎銷售價格通常都很便宜，甚至低於成本，而真正賺錢的部分，是後續的維修服務合約；由於噴射引擎的使用期限通常長達數十年，所以維修服務相當賺錢。

1980 年代中期，勞斯萊斯發生財務問題，需要仰賴英國政府援助才得以繼續維持營運。為了挽救這家著名的企業，管理階層決定同時降低噴射引擎與維修合約的價格。不幸地，等到勞斯萊斯的營運與獲利能力恢復正常之後，前述降價措施卻持續實行，因此也影響了普惠與奇異的獲利能力，因為這兩家業者不得不跟進採用勞斯萊斯的定價策略。目前，噴射引擎製造業仍然是擁有合理經濟護城河的產業，奇異的毛利更出現顯著的回升，但勞斯萊斯採取的措施一度傷害所有三家業者。

不好的成長方式

　　某些事業成長方式可能損及護城河。企業如果在缺乏競爭優勢的領域追求成長，就可能傷害既有的護城河；事實上，這是企業最常見的自殘形式之一。多數企業主管都認為營運規模愈大愈好（持平而言，企業規模愈大，經理人支領的報酬通常也愈高；所以，這種想法也不無根據），因此會拓展較缺乏獲利能力的業務。

　　關於這個議題，微軟是我最喜歡引用的例子。沒錯，該公司仍然享有寬廣的護城河，但我認為過去十年來，微軟試圖拓展電腦作業系統與 Office 軟體等核心產品之外的事業，顯然有損股東利益。微軟浪擲資金的業務項目範圍，可能超過一般人想像，包括：Zune、MSN，以及 NSNBC，甚至想要開發兒童玩具系列 Actimates。1990 年代末期，微軟曾經浪費 ＄30 億以上的資金，試圖經營歐洲的一些閉路電視業務。

　　微軟如果沒有拓展這些缺乏競爭優勢的新業務，其營運規模（員工人數與銷貨數量）可能會稍微小些，但資本報酬應該會更高。對於一家電腦軟體業者，究竟有什麼理由去經營閉路電視頻道呢？

　　如同許多享有寬廣護城河的事業一樣，微軟發現其創造的現金流量，遠超過核心產品 Windows 與 Office 所需要的再投資。同樣地，如同一些享有護城河的企業一樣，運用這些現金開創

該公司較缺乏競爭優勢的新業務。微軟的獲利狀態實在太好，所以浮濫投資對於資本報酬率造成的拖累還不至於造成致命傷害，但很多其他企業面臨的情況則非如此。對於獲利能力較差的事業來說，轉投資缺乏護城河的事業，可能讓公司的資本報酬下降到缺乏吸引力的程度。

各位可能會問，對於那些不需要運用於 Windows 作業軟體再投資的資金，微軟應該如何處理呢？微軟曾經運用一部分資金，成功開發某些輔助性業務，譬如：資料庫軟體與伺服器作業軟體。此外，微軟應該藉由股利方式把剩餘的資金分派給股東，此乃沒有被充分運用的資本配置有效方法。

企業如果大量投資於自身缺乏競爭優勢的領域，可能減損既有的經濟護城河。

不！我不願意支付更高價格

這雖然只是護城河減損的徵兆，而不是原因，但仍然值得注意。一家原本可以相當隨意漲價的企業，如果客戶突然打了回票，這是該公司逐漸喪失競爭優勢的顯著徵兆。

容我引用「晨星」分析團隊的資料，提供一個最近發生的案例。2006 年底，我們的分析師發現，專門販售資料庫軟體的甲骨文（Oracle），其軟體維修合約調整價格的能力似乎不如以往。回顧過去，維修合約是該公司販售軟體給大企業的最賺錢

項目。一般來說，大企業都希望由原廠負責維修其軟體，因為原廠對於軟體最熟悉，而且也能隨時更新軟體。另外，甲骨文通常能夠迫使客戶每隔一陣子就做軟體升級，因為它會宣布不再支援舊版軟體。所以，甲骨文每年都會調高維修費用，客戶雖然不樂意，但通常都會接受。

既然如此，甲骨文調高維修費用的措施，為什麼現在卻會被客戶打回票呢？我們做了調查，發現有幾家第三方軟體公司成立，可以支援軟體維修，而且已經取得某種程度的市佔率。如果第三方軟體公司可以提供可靠的維修服務，客戶自然就沒有迫切必要經常更新軟體。這種發展似乎逐漸形成趨勢，對於甲骨文原本相當賺錢的業務構成壓力，使得護城河的功能減弱。

我喪失護城河，但不能投降

如同身兼物理學家與哲學家的尼爾斯・波爾（Niels Bohr）說的，「預測很困難，尤其是有關未來的預測。」可是，我們如果想要評估企業擁有之競爭優勢的持久程度，就需要預測未來。可是，當我們試圖評估企業護城河究竟是完好如初，或事件的意外發展徹底破壞企業的競爭優勢，未來往往會對我們投出變化球。

關鍵重點

1. 技術變動可能摧毀競爭優勢，但這對於引用該技術建立護城河的企業，威脅顯然超過那些販售相關技術的業者，因為前者的影響更難預測。

2. 企業客戶的整合程度如果更高，或潛在競爭對手的目標不在於賺錢，則護城河會變得脆弱。

3. 成長不一定永遠是好的。企業寧可發揮自身的長處，儘可能在自己的優勢領域賺錢，然後把剩餘的資金分派給股東，而不要浪擲獲利於自己不具備護城河的業務。微軟公司的底子厚，所以能夠全身而退，其他企業未必能夠如此。

Chapter 9
尋找護城河

眼前一片迷茫,學習成為智慧型投資人。

　　整個世界是你的美味佳餚,這可能是身為智慧型投資人的最大好處。你不必被迫投資 A 產業或 B 產業,可以自由自在評估整個投資領域,捨棄你不喜歡的,挑選你喜歡的。如果想建構具備經濟護城河企業的投資組合,這方面的自由選擇更重要,因為某些產業更容易找到護城河。

　　容我重複強調,因為這點很重要:某些產業的競爭異常劇烈,經濟層面的挑戰艱鉅,任何企業如果想要創造競爭優勢,經營者等於要具備贏得諾貝爾獎的能耐。另一些產業的競爭程度明顯較緩和,即使是一般水準的企業也能夠維持合理程度的資本報酬。(人生原本就不公平。)換言之,某些產業裡,經理人只需要跨越一尺高的門檻就能成功,至於另一些產業,經理人想要成功,可能要突破重重障礙;身為投資人,想要在前

一個領域尋找理想的投資機會，勝算顯然要高多了。

讓我們看看光譜兩端的情況，譬如說汽車零件與資產管理。沒錯，這是不公平的戰爭，但也凸顯了我想強調的重點。「晨星」公司追蹤 13 家汽車零件製造商，其中只有 2 家擁有經濟護城河，剩餘 11 家都只能勉強保持不至於太差的資本報酬，頂多只能展現差強人意的績效。

首先讓我們看看美國車軸製造商 American Axle，該公司專門製造車軸供應通用汽車與克萊斯勒。五年前，當美國人瘋狂購買休旅車，該公司的表現相當不錯，資本報酬介於 10 ～ 15% 之間。可是，自從 2003 年以來，休旅車銷售量大減，該公司不具競爭力的成本結構導致虧損，資本報酬掉到了個位數字。至於其他汽車零件製造業者，情況也大同小異，因為大家都處在割喉狀態的產業。

至於資產管理產業，「晨星」追蹤 18 家上市公司，全部業者都具備經濟護城河。（事實上，有 12 家具備寬廣的護城河，剩餘的護城河相當狹窄。）*踏入資產管理產業的門檻雖然不高，任何人只要願意拿出＄100,000 支付律師和註冊費用，就可以成立共同基金公司，但業者如果想要成功，門檻很高，因為業者

---

*「晨星」把所有的公司按照競爭優勢劃分為兩大類。擁有持久競爭優勢者，貼上「寬廣護城河」的標籤，具備可資辨識而不夠明確的優勢，則標示為「狹窄護城河」。本書第 11 章會藉由案例，進一步討論此兩者之間的差別。

要擁有相當龐大的行銷網絡才能真正發揮效率。可是，任何資產只要進了公司大門，通常都會繼續停留，也就是說基金經理人只要能夠吸引龐大的管理資產，往往不需要太費力就能創造不錯的資本報酬。

讓我們考慮投資經理人可能碰到的最糟情節。假想某機構專精於某種風格的投資，而該風格已經落伍，普遍不被投資人接受，使得原本非常傑出的績效表現向下反轉。幾年後，人們發現該公司允許大客戶透過不當方式交易基金，竊取長期投資人的利益，使得基金公司陷入眾所矚目的醜聞。明星經理人離職，許多投資人也跟著離開，公司的資產管理規模減半。

世界末日？不至於，這正是駿利基金（Janus）幾年前碰到的情況。危機期間，該公司的營運毛利一度下降到 11％，但很快又恢復到 25％。這就是所謂穩固的事業模式──擁有經濟護城河。

在適當的地方尋找護城河

圖 9.1 把「晨星」追蹤的 2,000 多支股票劃分為幾種類股，讀者可以藉此觀察哪些類股的護城河最多。

圖 9.1　類股護城河

類股	狹窄護城河（％）	寬廣護城河（％）	全部護城河（％）
軟體	49	9	58
硬體	26	5	31
媒體	69	14	83
通訊	59	0	59
醫療保健服務	31	11	42
消費者服務	32	7	39
商業服務	36	13	49
金融服務	54	14	68
消費財	32	14	46
工業物料	31	3	34
能源	55	6	61
公用事業	80	1	81

　　科技領域裡，我們發現軟體業者擁有護城河的比率超過硬體業者。這不只是會計數據而已──硬體產品的資本密集程度通常超過軟體產品──這兩類產品之間確實存在差異。一般電腦軟體通常需要配合其他軟體才能正常運作，因此客戶在某種程度上會被「鎖住」，轉換成本偏高。

　　硬體設備的情況則不同，通常採用產業的標準規格，相對容易轉換。當然，有些產品是例外，因為某些硬體業者會把軟體嵌入其產品──譬如思科系統（Cisco Systems）──拉高轉換成本。可是，一般來說，軟體企業較硬體企業更容易找到護城河。

過去幾年來，通訊產業的發展相當混亂，我們相當訝異地發現，「晨星」追蹤的業者，大約有三分之二具備護城河，但這種現象有個簡單的解釋：「晨星」追蹤的通訊業者，有半數屬於外國企業，它們營運所在地的法規環境優於美國。一般來說，通訊業者擁有的護城河，主要是仰賴法規結構，或仰賴利基市場地位，規模小而不足以吸引潛在競爭者（譬如美國的某些郊區業者）。可是，投資人如果想要尋找真正擁有競爭優勢的通訊業者，最好還是朝國外發展。

　　某些媒體業者近年來雖然陷入麻煩，但整個產業還是尋找競爭優勢的適當場所。舉例來說，迪士尼與時代華納（Time Warner）仍然控制大量內容獨特的媒體資產，任何競爭者想要複製的話，勢必投入龐大的資本，但對於既有業者來說，繼續運用幾乎毫無成本。整體而言，我們發現，經銷頻道的多樣化與控制，有助於媒體業者創造競爭優勢，並減緩某單一媒體資產不可避免被淘汰的衝擊。

　　可是，網際網路對於既有營運模式造成的影響，媒體業者受到的衝擊程度更甚於其他產業。這種情況下，業者如果擁有著名品牌（迪士尼）與廣泛經銷網絡（康卡斯特，Comcast）才可能憑藉著護城河而繼續生存。

　　如同通訊業者的情況一樣，醫療保健業者也經常面臨法規方面的挑戰——健保補貼規定的任何變動，就可能影響小型業者的經濟面貌——但擁有眾多產品的業者，則可以緩和這方面的風

險。根據圖 9.1 的資料顯示，擁有護城河的醫療保健業者，比率並不高，但不要被這些數據愚弄，因為這個產業包含很多小型的生化科技與單一產品業者，導致資料受到扭曲。

一般來說，販售藥品與醫療器材的醫療保健業者，它們擁有護城河的比率，高於提供醫療服務的業者（醫院）。某種產品如果需要經過多年的研究開發，然後還要「美國食品藥物管理局」核准才能上市，其性質往往與醫療服務沒有多大差別。另外，大型藥廠與醫療設備業者雖然大多擁有穩固的競爭優勢，但也不要因此忽略較小型的醫療健保業者，它們往往能夠主導某特定利基市場──譬如治療睡眠呼吸暫停症藥物的 Respironics 與 ResMed，以及血液測試方面的 GenProbe。

譬如像餐廳與零售店等直接招呼消費者的事業，通常很難建構競爭優勢。消費者服務業者擁有寬廣護城河的比率相當低，主要是因為轉換成本很低，因為人們可能隨意走進任何商店、餐廳或咖啡店，任何流行概念也很容易被複製。引領風潮的零售店或連鎖餐廳，由於成長快速，每個月都會在幾個不同地點開設新店面，因此會產生護城河的假象，但任何流行概念往往都很容易被模仿。當然，消費者服務產業也存在有效的護城河，譬如像 Bed Bath & Beyond、Best Buy、Target 或星巴克等，這些企業通常是經年累月地透過許多正確的小措施，慢慢取得消費者的信任；這是可以辦到的，但不容易。

專門提供商業性服務的業者，它們面臨的情況，經常和餐

廳或零售店剛好相反，在「晨星」追蹤的範圍內，這個產業是擁有護城河比率最高的類股。主要是因為這類產品，大多能夠與客戶的事業經營模式整合在一起，使得客戶的轉換成本明顯偏高，因此讓業者享有顯著的訂價能力，賺取優異的資本報酬。舉例來說，DST Systems 與 Fiserv 等資料處理業者就屬於此類業者，還有一些擁有不可複製資料庫的企業，譬如 IMS Health（處方藥品）或鄧白氏（Dun & Bradstreet）與易速傳真（Equifax，信用史）。這部分包含許多主導某特定利基市場的業者，譬如：Stericycle（醫療廢棄物處理）、穆迪（債信評等）、FactSet（金融資料整合）、Blackbaud（非營利事業的資金募集軟體）等。一般投資人往往不太熟悉這類專門提供商業服務的企業，但這個類股確實值得深入做研究，因為此處充滿護城河。

金融服務類股是另一處適合尋找護城河的場所。這個市場的進場門檻相當高——有多少人會成立一家能夠和高盛或雷曼兄弟競爭的新投資銀行？甚至是一般人往來的銀行，轉換成本也高得足以保障銀行的營運利益（請參考本書第 4 章的討論）。對於任何資產管理業者來說，黏性資產通常都可以創造耐久性的資本報酬，還有類似如芝加哥商業交易所與 NYMEX 等金融交易所，網絡效應可以創造可觀的效益。

保險業者通常很難建構寬廣的護城河，因為保險產品很像大宗商品，沒有顯著的差別性，轉換成本偏低，雖然有少數特殊業者是例外，譬如 Progressive Casualty Insurance 與 AIG 集團。

另外，許多小型的專業放款機構與房地產投資信託基金，很難營造持續性的競爭優勢。如同商業服務業者的情況一樣，對於金融業者，投資人恐怕要多花一點工夫才能瞭解——單是財務報表就和一般企業不同——但潛在報酬讓一切努力都值得。這個市場領域存在許多護城河。

消費財的業者眾多，華倫·巴菲特稱此為「無從迴避者」，包括：可口可樂、高露潔-棕欖（Colgate-Palmolive）、留蘭香（Wrigley）與寶潔（Procter & Gamble）等，這些都是歷史悠久的著名品牌，產品似乎永遠不會過時。如同金融類股一樣，消費財也是擁有寬廣護城河比率最高的產業之一。

我們很容易瞭解箇中原因：類似如箭牌口香糖與高露潔牙膏等，其品牌營造需要投入大量資本做廣告，還要不斷創新，絕非一蹴可成。這個領域雖然適合尋找護城河，但也要留意短暫流行的品牌（譬如 Kenneth Cole 或 Tommy Hilfiger 等服飾業者），私有品牌產品可能造成威脅（譬如 Kraft 或 Del Monte），或廉價勞工可能永久改變產業經濟地貌（譬如 Ethan Allen 或 Steelcase）。「無從迴避者」雖然最著名，但千萬別因此忽略主導利基市場的業者，譬如香料業者 McCormick & Company，地毯業者 Mohawk Industries，珠寶業者 Tiffany，以及包裝業者 Sealed Air。

對於成本至上的產業，業者很難營造護城河，這也是工業物料產業很少有業者得以創造競爭優勢的主要理由。不論是金

屬礦產、化工廠、鋼鐵廠或汽車零件製造商，任何廠家和同業競爭者的產品都很難呈現差別化，這意味著客戶只在乎價格。不論喜歡與否，商品化產業只有少數業者能夠擁有可靠的成本優勢。就金屬礦產產業來說，我們發現唯有真正最大型業者——必和必拓（BHP Billiton）與力拓集團（Rio Tinto）等才擁有經濟護城河。

可是，千萬不要因此而抹煞所有的工業物料業者，因為很多投資人就是秉持這種態度。投資人如果願意花工夫深入挖掘，想必可以在這部分市場找到寶藏。請注意，很多投資人在操作上，把工業股票視為單一整體，也就是每逢經濟景氣轉強則買進／經濟景氣轉弱則賣出的類股。沒錯，這類股票的表現，對於整體經濟狀況確實顯得敏感，但碰到市場把嬰兒（具備護城河的企業）和洗澡水（沒有護城河的企業）一起潑掉，往往是投資人尋找競爭優勢的良機。

上述畢竟存在某些利基市場主導業者，譬如生產工業泵浦的 Graco，以及從事水資源處理的 Nalco，還有掌握成本優勢的企業，譬如鋼鐵業的 Steel Dynamics，生產營建材料的 Vulcan，以及轉換成本偏高的國防設備業者 General Dynamics，以及高級金屬鍛冶業者 Precision Castparts。各位如果知道如何尋找，舊經濟也存在許多護城河。

表面上看起來，能源和金屬商品頗為類似，但能源業者更經常擁有經濟護城河，理由有兩點。首先，專門生產天然氣的

業者，可以受惠於這種產品不容易長途運輸。舉例來說，銅貨甚至煤都相對容易運輸到世界各地，但天然氣唯有透過管線運輸才符合經濟效益，但管線運輸沒辦法穿越海洋。所以，北美地區的天然氣生產者，成本只要低於附近的競爭者，就具備競爭優勢，因為這些業者不擔心受到中東地區超級廉價天然氣的威脅。其次，不同於天然氣，石油是全球進行交易的商品，但石油價格受到 OPEC 組織某種程度的保護，這點也不同於天然氣。石油價格居高不下，能夠協助很多石油業者創造不錯的資本報酬，而且只有少數資本雄厚的業者能夠持續探勘愈來愈難以開鑿的石油蘊藏。

另外，我們發現，能源產業存在一種不受重視的小型利基市場：運輸管線。這個市場普遍具備護城河。有不少能源業者擁有規模龐大的運輸管線網絡，用以運送天然氣、汽油、原油，以及各種公開交易的能源產品。一般來說，興建運輸管線需要經過主管當局的許可，而這方面的許可並不容易取得，因此業主得以受惠於本書第 7 章討論的利基經濟：兩點之間的需求程度如果不足以支持多條運輸管線，則單一管線業者就能在當地享有獨佔地位，得以索取所允許的最高費率。另外，所允許的最高費率通常相當具有吸引力，因為輸送管線的法規管理比較鬆散，起碼不如公用事業嚴謹。運輸管線業者通常都透過業主有限合夥（master limited partnership）的組織形式營運，對於投資人而言，可能會在報稅方面造成些許困擾，通常也不適合透

過遞延課稅帳戶進行投資（譬如IRAs帳戶或401k帳戶）。可是，這部分能源市場提供優渥的潛在報酬機會，而且具備護城河保障，或許值得在報稅方面多花一些工夫。

最後，讓我們看看公用事業類股；就經濟護城河來說，這個領域有些奇特。這些業者在某些地理區域擁有天然的獨佔地位，似乎意味著寬廣的護城河，但主管機構也瞭解這點——投資人可能覺得不幸，消費者則覺得幸運——所以業者的資本報酬通常被限定在相對偏低水準。對於公用事業經營者來說，態度友善的主管當局是最佳資產，但各地區的主管當局態度不同，美國東北與西岸的某些地區，主管當局最不友善，而東南地區則要好多了。一般來說，公用事業不是護城河普遍存在的產業，但低成本的發電資產與友善的主管當局，仍然可以創造合理的報酬，前提是投資價位必須謹慎評估。

企業獲利能力的衡量

讀者現在想必都瞭解，經濟護城河的功能，就是要協助業者的營運長期保持獲利。所以，衡量企業獲利能力的最佳方法是什麼？很簡單——觀察企業投入資金所創造的獲利程度。由許多角度來看，這是區別優異業者與平凡業者的分野，因為公司的主要任務，就是運用資金投資於各種計畫、產品與服務，設法藉此創造更多的錢。相對於投入的資金，能夠取得更多產出

資金，獲利能力愈強。

企業每動用資本＄1（per dollar of capital employed）創造的經濟利益，這可以顯示企業運用資本的效率。資本運用效率愈高的企業，通常也是愈好的企業，或愈好的投資，因為如此可以用更快的複利程序創造股東財富。

不妨這麼想。企業管理類似於共同基金管理。共同基金經理人運用投資人的資金，投資股票或債券，藉以創造報酬，某位經理人如果能夠創造12％的報酬率，績效就優於8％的報酬。企業經營的情況也沒有什麼不同。經營者運用股東投入的資金，投資於本身事業，藉以創造財富。衡量企業所能夠賺取的報酬，我們就知道業者把資本轉化為獲利的效率。

所以，我們如何衡量資本報酬？最常見的三種衡量方式分別為：資產報酬（return on assets，簡稱ROA）、股本報酬（return on equity，簡稱ROE），以及投資資本報酬（return on invested capital，簡稱ROIC）。三者提供的資訊相同，但方法稍有不同。

資產報酬率（ROA）是衡量企業運用每＄1資產所賺取的收益程度。如果所有的企業都是由資產構成的大餅，我們就可以根據ROA衡量獲利能力。這是不錯的起點，網路上類似如「晨星」等評估機構，都提供這方面的數據。大體上說來，非金融機構如果能夠穩定創造7％左右的ROA，應該就具備競爭優勢。

可是，很多企業透過債務進行融通，如此一來，資本報酬

就需要考慮信用擴張的成份。股本報酬適合衡量整體的資本報酬程度。ROE 是衡量企業運用股東權益的效率，也就是每 $1 股東投資資本創造的獲利。ROE 的問題之一，是企業為了提升 ROE，可以大量舉債，實際上卻無助於獲利，所以我們觀察 ROE 的同時，必須觀察企業的債務。同樣地，我們也可以透過多數金融網站查詢上市公司的 ROE。一般來說，我們可以根據 15％的 ROE 做為衡量基準，凡是 ROE 為 15％或以上者，通常比較可能擁有經濟護城河。

最後，投資資本報酬（ROIC）兼具前述兩者的優點。ROIC 是衡量企業已投資資本的報酬，而不考慮股本或債務之間的差異。所以，這項衡量包括債務──不同於 ROA，但剔除信用高度擴張業者運用 ROE 可能產生的扭曲。另外，這項衡量也運用不同的獲利定義，協助排除企業各種財務決策（舉債 vs. 發行股票）可能造成的影響，儘可能真實反映根本事業的營運效率。ROIC 的計算方式有幾種，計算公式有些複雜，數據不若 ROA 或 ROE 明確。原則上，ROIC 的解釋與 ROE 或 ROA 相同：數據愈高愈好。

跟著錢走

經濟護城河可以提升企業價值，因為護城河可以協助企業長期保持獲利。我們希望藉由資本報酬衡量企業的獲利能力，

因為企業運用資本的效率愈高，愈能快速增進股東財富。聽起來雖然頗為合理，但護城河不該只是用來尋找更有價值企業的工具。除此之外，護城河應該永遠是選股程序的核心部分。

可是，請記住，你不必投資股票市場的每個領域。如果你覺得必須跟著群眾走，必須投資每個產業而不論其獲利狀態如何，這絕對不是個好主意。著名的搶犯威利‧薩頓（Willie Sutton）之所以搶劫銀行，據說是因為「錢就在那」。身為投資人，應該試著體會威利的立論：某些產業在結構上就比其他產業更賺錢，這也是經濟護城河的所在。長期投資資金應該朝這個方向走。

關鍵重點

1. 相較於其他產業，某些產業更容易建構競爭優勢。人生是不公平的。

2. 經濟護城河是相對的，不是絕對的。結構優異產業的第四順位優質企業，其具備的護城河穩固程度，可能更甚於競爭劇烈產業的第一順位企業。

Chapter 10

空降大老闆？

經營者的重要程度，其實這不如一般人所想。

　　談到經濟護城河，管理團隊的重要性可能不如一般想像的程度。

　　各位如果經常在電視或雜誌封面上看到那些高調的企業執行長，前述說法或許有些令人震驚。可是，確實是如此。企業營運展現的長期競爭優勢，屬於結構性特質（請參考本書第 3 章到第 7 章），經營者的影響能力相當有限。沒錯，某些競爭劇烈的產業，我們確實看到一些凸顯的案例，譬如星巴克得以在咖啡連鎖產業脫穎而出，建構明確的經濟護城河，但這些企業屬於例外，而不是通例。（各位是否還記得 1990 年代的貝果連鎖店風潮？忘了？正是如此。）

　　不，「自覺選擇」並不能讓經營艱困的汽車零件製造商展現資料處理業者享有的獲利，就如同我不能藉由飲用某種可樂

或吃某種糖果而成為華倫·巴菲特一樣。對於個別企業是否擁有經濟護城河，整體產業競爭狀況的影響程度，通常遠超過任何管理決策。這並不是因為多數企業管理者的能力不足，而是因為某些產業的競爭條件不如另一些產業；某些企業執行長就是比較幸運，很容易就得以維繫偏高的資本報酬率。

如同本書第 9 章強調的，某些產業就是比較容易建構經濟護城河。如果隨機挑選一家資產管理、資料處理或銀行，我幾乎敢保證其長期資本報酬，絕對超過隨機挑選的汽車零件製造商、零售商或科技硬體製造商。雖然商學院與管理大師都希望我們相信，只要單純遵循一套最佳管理法則，就能成就頂尖企業。現實世界的情況並非如此。不可否認地，精明的管理可以讓優秀公司變成偉大企業，大家都希望擁有一家資本配置優異的企業，而不是由一群笨蛋經營的事業。笨拙的經營者確實足以搞砸一家好企業。可是，對於企業擁有的長期競爭優勢，管理決策的影響力，通常不會超過企業本身的結構特質 *。

---

* 各位可能認為，對於新成立的企業來說，情況可能不同，因為經營管理對於剛成立不久的小型企業影響更大，但芝加哥大學教授史蒂芬·卡布蘭（Steven Kaplan）最近的研究卻顯示相反結論。根據最近發表的論文（2007年 8 月，證券價格研究中心 [CRSP] 的第 603 號工作報告「投資人應該針對騎師或馬匹下注？由早期營運計畫到公開上市之間演化的證據」[Should Investors Bet on the Jockey or the Horse? Evidence from the Evolution of Firms from Early Business Plans to Public Companies]），卡布蘭教授與其他共同作者提出結論認為，「就邊際效應來說，投資新成立的企業，應該更重視產業選擇，而不是精明的管理團隊。」

讀者不妨回想本書第 9 章談論的 Janus 共同基金案例。經營者幾乎是竭盡所能地搞砸公司，但只經過短短幾年的時間，獲利很快又恢復偏高水準。或者看看 H & R Block 的情況，雖然轉投資 Olde Discount Brokerage 明顯不當，但該公司仍然藉由特許報稅程序賺取優渥的資本報酬。還有麥當勞，該公司有一段期間徹底與消費者脫節，客戶服務水準下降到難以接受的水準，但隨後憑藉著麥當勞的招牌，相對輕鬆地扳回局面。這三個案例都清楚顯示，**長期而言，結構性競爭優勢的重要性，顯著超過拙劣的管理決策。**

現在，讓我們看看賈克·納瑟（Jacques Nasser）、保羅·普萊斯勒（Paul Pressler）與蓋瑞·溫特（Gary Wendt）等超級CEO，他們是否得以讓福特汽車、Gap 與 Conseco 等企業反敗為勝？這三個案例裡，他們都徹底失敗，包括 Conseco 宣布倒閉，這並不是因為他們沒有努力，或缺乏管理能力。這三位傑出經理人所能夠做的，實在不多：福特是成本結構明顯偏高而缺乏競爭力的汽車製造商，Gap 則是品牌已經褪色的流行服飾零售商，Conseco 則是壞帳太多的放款者。即使是最頂尖的建築師，也不能興建 10 層樓高的沙灘碉堡。巧婦難為無米之炊。

華倫·巴菲特經常能夠一針見血地提出結論，「聲譽卓越的經理人，如果碰上經濟條件惡劣的事業，結果總是事業依然如故。」

關於傑出 CEO 受到殘酷產業結構掣肘的最佳案例，

我認為應該是捷藍航空（JetBlue）的大衛‧尼爾曼（David Neeleman）。尼爾曼創辦捷藍航空當時，他的紀錄幾乎是無可挑剔的。在此之前，他曾經成立一家航空公司，吸引了併購意願不強的西南航空，然後他在加拿大協助成立一家航運公司，順便等待他與西南航空簽署之不得競爭的協議過期。捷藍航空成立當時，飛機都是嶄新的，每個座位都有衛星電視與皮椅。由於新飛機的維修成本顯著較低，效率更高，所以公司在上市當時的績效表現看起來非常傑出，營運毛利高達 17%，股本報酬率為 20%。

不幸地，時間不會停頓不前。隨著機齡增加，員工年資成長，捷藍的營運成本節節上升。另外，皮椅之類的舒適設施很容易模仿——事實上，西南航空也確實這麼做了。網路航空公司憑藉著破產重整之後的健全財務狀況，在某些航線上，大膽與捷藍之間進行價格戰爭，使得捷藍的營運毛利顯著下滑。截至本文撰寫當時，捷藍的股價大約是 5 年前公開上市承銷價的 30%，雖然有些管理決策欠缺高明，但公司的不彰表現實非尼爾曼之過。航空產業的經濟地貌太過惡劣，這才是導致該公司陷入困境的癥結所在。

明星 CEO 情節

既然如此，投資人為何如此重視 CEO 的光環呢？理由有兩

點，一個相當明顯，另一個屬於隱伏的理由。

明顯的理由，是商業媒體需要吸引注意力，而 CEO 們應該是最容易取材的主題。誰不想知道財富 500 大企業執行長創下獲利紀錄的故事，或觀賞電視訪問某企業主管成功擴展國際業務的事蹟呢？企業主管通常都樂於提高曝光率，媒體記者也樂於報導大家有興趣的企業故事。所以，對於雙方來說，這等於是雙贏的局面，但可能因此誤導投資人相信這些主管可以控制企業的命運，就如同明星廚師可以控制菜餚美味一樣。不幸地，即使是主廚泰斗查理‧特洛特（Charlie Trotter）也會受制於本地可用食材；同理，處在環境惡劣的產業，即使是最傑出的企業執行長，能發揮的空間也相當有限。

經理人經常被視為企業命運仲裁者，另有涉及隱伏的理由，因為我們總是心存偏見。對於我們關心的事情，一般人都希望知道發生的緣由，而且也經常因此看到實際上不存在的型態。我們如果能夠找到事件發生的因果關係，而且把責任或原因指向單一個人，而不是「缺乏競爭優勢」，絕對更容易令人滿意。可是，實際上，企業執行長很難創造原本不存在的競爭優勢，也很難傷害原本已經存在的明確競爭優勢。

投資人往往特別會記住一些例外情況——有些公司確實得以在艱困產業建構明確的護城河，而且要歸功於傑出企業執行者的眼光與才華。類似像星巴克、戴爾電腦、Nucor、Bed Bath & Beyond、Best Buy 等業者，它們都曾經在極端艱困的產業，

協助公司股東累積龐大財富。可是，如果因此認同這些業者的成功，是一種通例，而不是例外，等於是不明白有些事情確實可能發生，但發生的機會不大（換言之，不瞭解 possible 與 probable 之間的差別）。請注意，投資成功與否，很大成份是取決於勝算程度。

相形之下，一家擁有護城河而經營者才華平凡的企業，它發生利空消息的機會，通常遠低於另一家沒有護城河而由傑克‧威爾許（Jack Welch）第二經營的企業。投資人對於競爭力的分析如果足夠謹慎，那麼擁有護城河的企業，通常很可能會繼續保有護城河——經營者更可能創造意外的利多表現，或即使表現不如預期，我們起碼還有護城河可供憑藉。反之，對於沒有護城河保護的企業，成功的勝算不高——經營者必須有超乎預期的表現，才可能在競爭環境惡劣的產業獲得成功，如果經營者的表現不夠理想，則經營績效只可能下降。

不妨這麼想：企業所處產業或經營者，哪個比較容易改變？這個問題的答案很明顯——企業主管來來去去，而處在艱困產業的企業將永遠卡在那裡。我們知道，某些產業的先天條件優於其他產業，因此我們有理由相信，所處產業對於公司獲利能力或資本報酬的影響，將遠甚於掌舵經營者。

經營者的能力確實重要，但其影響將受到企業所面臨之結構性競爭優勢的限制。企業 CEO 不能在真空狀態運作，偉大經理人雖然可以提升企業價值，但管理團隊本身並不是可靠的競爭優勢。

關鍵重點

1. 你應該下注在馬匹身上，而不是騎師。管理團隊雖然重要，但影響程度不如護城河。

2. 投資成敗的關鍵，在於勝算的掌握程度。擁有護城河而管理能力普通的企業，長期投資勝算優於沒有護城河而管理能力傑出的企業。

Chapter 11

真相揭曉時刻

贏家面貌：競爭力分析的五個案例。

大學與研究院時代，我很討厭理論。這些概念除非有實際運用意義，否則都是左耳進、右耳出。研究院時代，我曾經涉獵廣泛的政治科學，深入研讀一些偉大政治思想家的作品，包括：馬克斯・韋伯（Max Weber）、卡爾・馬克斯與艾彌爾・涂爾幹（Émile Durkheim）等，我不能說自己樂在其中（約瑟夫・熊彼得的創造性破壞理論 [Joseph "creative destruction" Schumpeter] 當然是例外）。反之，我喜歡閱讀那些談論各種證據，然後從最基礎開始，慢慢梳理出某種構想或理論的書籍。事後回想，這段經歷是一段相當貼切的前奏，讓我後來成為由下而上的基本證券分析師，雖然我當時沒有想到兩者之間的關連。

截至目前為止，我們談論了很多有關經濟護城河的概念，

本章準備藉由 5 個案例，從最基礎開始，逐一檢視相關概念。這畢竟也是各位讀者在現實世界裡，可能運用這些概念的方式。各位可能在商業雜誌上讀到某家公司的報導，或聽到某基金經理人或同事提到某家企業，因此而想做更深入的研究。基於這種構想，本章根據我能夠想像的最實際辦法挑選相關企業——按照最近出版的某些主要投資刊物，包括《財富雜誌》與《巴倫雜誌》等，挑選備受好評的 5 家企業。

圖 11.1 顯示我用以評估企業是否具備護城河的三個步驟分析程序。第一步驟是「把錢秀出來」——企業過去是否創造合理程度的資本報酬績效？進行這部分的分析，理當儘可能觀察長期的資本報酬，如果只有一、兩年的表現不盡理想，應該還不至於影響護城河的存在與否（各位可以在 Morningstar.com 查詢10 年期的財務資料。）

圖 11.1　護城河的程序

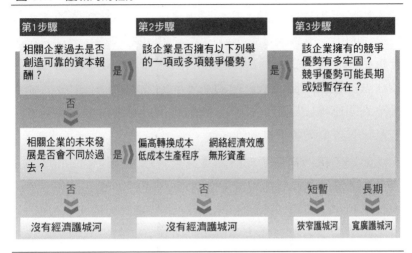

這個問題的答案如果是否定的，而且未來展望如果不顯著有別於過去，則意味著該企業不具備護城河。企業如果擁有競爭優勢，理當反映在績效表現的數據上，企業如果還不能證明自己有能力得以賺取超額經濟報酬，就不值得投資人期待。沒錯，企業過去的資本報酬表現不盡理想，未必就代表將來沒有改善的可能性，但想要抱持這種樂觀態度，需要有明確的根據：企業營運的根本經濟狀態明顯好轉。這種情況確實可能發生，投資人如果能夠預先辨識這類結構趨於好轉的企業，就可以賺大錢，但這類案例畢竟屬於例外，而不是通則。

所以，如果沒有證據顯示企業得以賺取紮實的資本報酬，

通常就代表缺乏護城河。反之，某企業的歷史資料如果顯示其資本報酬表現相當不錯，我們接下來的工作就比較困難了。評估程序的第二步驟，是要辨識企業擁有的競爭優勢——換言之，分析相關企業過去為何能夠抗拒競爭者而創造超額經濟報酬。請注意，企業即使過去曾經創造優異的資本報酬，但我們如果找不到明確理由顯示這種優異表現將來仍然會持續發生，則可能意味著該企業並不具備護城河。

如果不思考優異的報酬績效為何會繼續保持優異的理由，很可能就等於是靠著後視鏡駕駛汽車——顯然不是好主意。不妨想想那些連鎖餐廳或連鎖零售商店（消費者的轉換成本很低），這些產業的業者需要擴大經濟規模，建立明確的品牌，或藉由其他有效方式對抗競爭，否則就不具備護城河。對於這些行業來說，缺乏競爭優勢，優異的營運績效可能瞬間消失。我們看過太多這類的案例，業者能夠在幾年之內展現紅極一時的零售或餐廳概念，卻不足以維持長期成功。

第二步驟的過程，我們需要引用競爭分析的所有相關工具。該公司是否擁有顯著品牌？專利？消費者是否很難轉換其他替代產品？營運成本是否顯著較低？是否受惠於網絡經濟效應？是否受到技術崩解或產業動態結構變動的衝擊？以及其他等等。

假定我們確實找到有關競爭優勢的某些證據，第三步驟就是要評估這些優勢能夠持續多久。有些護城河的存在或許沒問題，但很容易被突破，另一些護城河則相當寬廣，足以在未來

多年內繼續創造優異的資本報酬。當然，這類評估難免涉及顯著的主觀成份，這也是為什麼我不建議劃分得太過細膩的理由。「晨星」只把企業劃分為三種類別：具備寬廣護城河、具備狹窄護城河，以及不具備護城河。以下的例子也是按照這種方式處理。

現在，讓我們看看這些概念在實務上的運用。

搜尋護城河

迪爾公司（Deere & Company）是我們想要討論的第一個例子，該企業專門生產農業設備與營建機械。如同圖 11.2 顯示的，迪爾過去十年來的資本報酬表現相當傑出，雖然 1999 年到 2002 年之間的表現很差。農業屬於景氣循環產業，所以這種型態的績效波動不值得擔心——迪爾如果是從事需求穩定的事業，譬如乳酪或啤酒，那就不值得我們進一步探究。所以，就實際數據觀察，迪爾似乎具備護城河。

接下來，我們要進行競爭分析：迪爾具備什麼競爭優勢，使其得以創造紮實的資本報酬，而且這種績效很可能持續到未來？就這方面來說，品牌當然有所幫助。這家公司已經有長達 170 年的悠久歷史，很多農夫對於迪爾品牌相當忠誠。可是，迪爾的競爭者 Case Construction Equipment 與 New Holland，其使用者對於品牌也很忠誠。所以，除了品牌之外，應該還有其他

值得探究的原因。

圖 11.2　迪爾公司

迪爾公司（DE）	97	98	99	00	01	02	03	04	05	06	後續12個月	平均
淨利率（%）	7.5	7.4	2.0	3.7	-0.5	2.3	4.1	7.0	6.6	7.7	7.3	—
資產報酬（%）	6.2	6.0	1.3	2.6	-0.3	1.4	2.6	5.1	4.6	5.0	4.5	3.5
財務槓桿	3.9	4.4	4.3	4.8	5.7	7.5	6.6	4.5	4.9	4.6	4.7	—
股本報酬（%）	24.9	24.8	5.9	11.6	-1.5	8.9	18.0	27.1	21.9	23.6	20.8	16.9

真正的關鍵，結果是迪爾擁有的經銷商網絡：北美地區的覆蓋率遠超過其他競爭同業。對於迪爾的設備，經銷商可以更快速提供零件與維修服務，使得機器在播種與收成季節能夠正常使用。發生問題的設備，能夠在最短期間內修復，這對於迪爾的客戶十分重要：一台價值 $ 30 萬的設備，每年的使用時間可能只有幾個禮拜，但機器在這幾個禮拜內，絕對必須能夠正常運作。

由於同業競爭者可以複製經銷商網絡，迪爾產品與服務品質如果顯著滑落，使用者也可能轉換其他品牌的產品，所以我們很難認定迪爾擁有寬廣的護城河。可是，同業競爭者起碼必須花費好幾年的時間，才能改變既有的市場型態，而且我們也不確定同業競爭者是否會這麼做。所以，我個人認為，迪爾擁有狹窄而明確的經濟護城河，也相信迪爾在未來幾年內，應該可以繼續創造優異的資本報酬。

接下來準備討論的案例，是座落於漢普頓（Hamptons）

心臟地帶的瑪莎史都華生活多媒體（Martha Stewart Living Omnimedia），該公司除了銷售瑪莎史都華品牌的商品，也出版雜誌，製作電視節目。由於瑪莎深得人緣，即使是短暫退居幕後，我們預期該公司的獲利狀況應該很不錯。首先，讓我們看看圖 11.3 顯示的數據。

圖 11.3　瑪莎史都華生活多媒體

瑪莎史都華生活多媒體（MSO）	99	00	01	02	03	04	05	06	後續 12個月	平均
淨利率（％）	11.0	7.5	7.4	2.5	-1.1	-31.8	-36.2	-5.9	-9.3	—
資產報酬（％）	9.1	7.4	7.2	2.3	-0.9	-20.8	-29.2	-7.1	-12.6	-5.0
財務槓桿	1.4	1.5	1.4	1.4	1.3	1.4	1.6	1.7	1.8	—
股本報酬（％）	12.8	10.8	10.5	3.2	-1.2	-28.1	-43.5	-11.7	-22.6	-7.8

　　嗯，這些數據看起來似乎不怎樣，不是嗎？即使是在瑪莎的黃金時期，也就是在她涉及內線交易之前，該公司的股本報酬率也不到 13％。這種程度的資本報酬雖然算不上太糟，但我們期待的表現應該更好，尤其是在投資資本不太多的情況下。瑪莎史都華發行雜誌、製作電視節目，透過其品牌銷售其他公司的產品，所以公司本身經營的工廠規模很有限，更沒有顯著的存貨。所以，瑪莎史都華品牌雖然深受歡迎，但我認為這家公司沒有經濟護城河可言。

　　現在，讓我們由一家投資資本有限的企業，轉移到一家投資資本可觀的業者，也就是美國規模第二大的煤礦生產者阿齊煤礦（Arch Coal）。一般來說，商品業者很難營造經濟護城河，

所以當我們著手分析這家公司時，態度相當保守。可是，觀察實際的營運數據，我們發現資本報酬近幾年來的表現明顯改善，雖然不是特別傑出。請注意 2004 年開始的演變，包括 2006 年與 2007 年，營運績效相當不錯（參考圖 11.4）。

圖 11.4　阿齊煤礦

阿齊煤礦（ACI）	97	98	99	00	01	02	03	04	05	06	後續12個月
淨利率（％）	2.8	2.0	-22.1	-0.9	0.5	-0.2	1.2	6.0	1.5	10.4	7.3
資產報酬（％）	1.8	1.3	-13.2	-0.6	0.3	-0.1	0.7	4.0	1.2	8.2	5.0
財務槓桿	2.7	4.7	9.7	10.2	3.9	4.1	3.5	3.0	2.6	2.4	2.4
股本報酬（％）	5.0	4.9	-80.6	-5.5	1.8	-0.5	2.7	12.9	3.4	20.5	12.0

讓我們稍微深入觀察，看看過去幾年的績效究竟屬於異常，很快又會恢復水準之下的表現，或者出現結構性變化而產生根本改善。首先，2005 年底，阿齊出脫阿巴拉契中部一些處於虧損狀態的礦場，這對於資本報酬會產生正面效益。其次，阿齊是美國懷俄明袍德河盆地（Powder River Basin）的煤礦四大生產者之一，這個地區的煤礦含硫量很低，燃燒過程較不容易造成環境污染，適合用於發電。

前述發展都具有正面意義，但阿齊如果只是單純和袍德河盆地的其他煤礦業者競爭，那就沒有護城河可言，除非其生產成本遠低於當地的其他業者（事實上並非如此）。可是，相較於美國很多其他地區的煤礦，袍德河盆地產區的生產成本顯著較低——即使考慮較高的運輸成本之後，仍然是如此，因為袍德

河盆地產區的地理位置偏僻，距離人煙稠密的煤礦高消費地帶相當遙遠。對於商品產業來說，如果生產成本顯著低於其他同業，就應該具備護城河。

　　既然如此，阿齊煤礦的成本優勢，為何沒有出現在過去的資本報酬績效上？這是因為阿齊煤礦多年前按照偏低價格簽署一些長期合約，而這些合約已經陸續到期，逐漸取代為價格較高的新合約，這也意味著將來的資本報酬應該會顯著提升。所以，我認為，我們暫時可以認定阿齊煤礦具備狹窄的經濟護城河，但必須密切觀察。如果袍德河盆地的煤礦生產成本顯著上升，或政府主管機構針對二氧化碳排放課徵稅金，整個情況就必須重新做評估。可是，就目前的資料判斷，阿齊煤礦應該具備相當狹窄的護城河。

　　接下來準備討論的第四個案例，或許不如先前三家業者著名，但這個例子可以讓我們學習許多有關護城河的知識。快扣公司（Fastenal Company）生產多種商用維修產品，專門提供給美國境內的製造業與承包商使用。該公司擁有大約 2,000 家行銷店面的網絡。表面上看起來，這是一家相當無趣的事業，但讓我們看看實際的數據（請參考圖 11.5）。

圖 11.5　快扣公司

快扣公司（FAST）	97	98	99	00	01	02	03	04	05	06	後續 12個月	平均
淨利率（％）	10.3	10.5	10.8	10.8	8.6	8.3	8.5	10.6	11.0	11.0	11.1	—
資產報酬（％）	22.9	23.2	23.0	22.4	16.0	14.6	13.9	18.4	20.1	20.6	19.0	19.5
財務槓桿	1.2	1.2	1.1	1.1	1.1	1.1	1.1	1.1	1.1	1.1	1.2	—
股本報酬（％）	28.0	27.6	26.2	25.2	17.9	16.3	15.6	20.8	22.7	23.3	21.7	22.3

　　哇！不論各位對於這個行業的看法如何，這些絕對不是無趣的數字。十多年來，股本報酬平均超過 20％，而且信用擴張程度非常有限，如此的表現實在非同小可。事實上，對於我們「晨星」資料庫內資本市值超過＄5 億的 3,000 多支股票，只有50 支具備類似的資本報酬表現。可是，現在的問題是：快扣公司之所以有傑出表現，是因為運氣好，或是因為某種得以繼續保持的競爭優勢？

　　進一步觀察可以發現，快扣公司擁有地點為基礎的經濟規模，情況類似本書第 7 章討論的水泥廠與集料業者。快扣生產的螺絲釘、船錨、螺栓等，重量相當可觀，運輸成本高昂，但產品本身的價格不高，這意味著快扣擁有的廣泛經銷網絡，可以創造成本優勢。鄰近客戶也意味著快扣的送貨時間通常較競爭同業更迅速，這是該公司享有的另一項優勢，因為製造業者通常是在某些設備損壞時，才需要使用快扣的產品，而設備損壞導致的生產暫停，對於業者往往導致嚴重代價。

　　相較於行銷據點數量最接近的同業，快扣的行銷據點多出

一倍，這點看起來似乎是得以繼續維持的規模優勢，尤其是因為該公司掌握數以百計的小型利基市場，這些市場本身的規模太小，實在不足以吸引競爭者攻擊。另外，該公司本身擁有運輸車隊，貨物運輸到達經銷據點或客戶廠址的成本，顯著低於使用 UPS 等第三方物流業者。所以，如果想要和快扣競爭，業者必須成立規模類似的行銷網絡，而且必須在只允許單家經銷商營運的小型市場，願意不計獲利與否地與快扣競爭。這聽起來是相當不容易的工作，這也是我認為快扣將來很長一段時間可以繼續創造優異的資本報酬，並因此擁有寬廣護城河的原因。

關於最後一個例子，我希望藉此強調分析者除了應該觀察資本報酬方面的實際表現與績效紀錄之外，為何還應該重視企業面臨的競爭狀況。對於下列兩家企業，如果觀察 2004 年左右的資本報酬數據，或許會讓各位流口水。B 公司的績效表現穩定性不如 A 公司，但顯然是朝正確方向發展（請參考圖 11.6 與 11.7）。

圖 11.6　A 公司

A公司	98	99	00	01	02	03	04	平均
淨利率（%）	7.3	7.1	6.1	6.7	6.5	7.4	6.3	—
資產報酬（%）	12.8	12.3	11.3	12.9	12.5	14.1	11.7	12.5
財務槓桿	1.7	1.6	1.5	1.4	1.5	1.5	1.5	—
股本報酬（%）	21.8	20.2	17.7	17.8	17.9	21.1	21.1	19.2

圖 11.7　B 公司

B公司	98	99	00	01	02	03	04	平均
淨利率（％）	6.4	5.8	8.0	9.0	8.5	7.8	8.4	—
資產報酬（％）	9.5	10.8	18.3	22.4	20.3	18.9	19.8	17.1
財務槓桿	1.2	1.2	1.3	1.2	1.2	1.3	1.3	—
股本報酬（％）	10.8	12.8	23.3	27.9	24.4	23.4	25.0	21.1

　　A 公司是一號碼頭進口商（Pier 1 Imports），B 公司是熱門話題公司（Hot Topic）。1990 年代末期與 2000 年代初期，這兩家零售商都有充分的發揮與表現。兩家業者的成長都很快速——熱門話題高達 40％以上，一號碼頭則為 15％上下，而且都展現優異的資本報酬。可是，讓我們看看所經營事業的性質。一號碼頭販售進口家具與家庭用品，熱門話題販售青少年流行服飾，樣式相當特別。兩者的營運狀況都不錯，前提是存貨控制必須合理，而且要確實掌握消費趨勢。然而，由於消費者幾乎完全不需承擔轉換成本，所以我們實在不敢預測這兩家業者的資本報酬優異表現，是否能夠長期保持。

　　事實上，這種懷疑態度是正確的（請參考圖 11.8 與 11.9）。

圖 11.8 一號碼頭進口商

一號碼頭進口商（PIR；A公司）	05	06	07	後續12個月
淨利率（%）	3.2	-2.2	-14.0	-16.3
資產報酬（%）	5.6	-3.6	-21.8	-26.3
財務槓桿	1.6	2.0	2.5	2.8
股本報酬（%）	9.1	-6.4	-47.9	-60.5

圖 11.9 熱門話題公司

熱門話題公司（HOTT；B公司）	05	06	07	後續12個月
淨利率（%）	6.0	3.1	1.8	1.8
資產報酬（%）	14.2	7.8	4.4	4.0
財務槓桿	1.5	1.5	1.4	1.5
股本報酬（%）	19.3	11.5	6.5	6.1

　　過去幾年內，這兩家公司的資本報酬與股價表現都一瀉千里。（由 2005 年初到 2007 年中期，熱門話題股價腰斬，一號碼頭股價暴跌 75％。）兩者面臨的狀況很類似—— 流行趨勢發生變化，消費者不再購買公司販售的產品（對於一號碼頭來說，市場競爭也轉趨劇烈）。零售業是相當不容易經營的事業：一切來得容易，去得也簡單。

　　此處雖然是引用零售業做為說明案例，但我也可以輕鬆挑選小型科技業者，或缺乏競爭優勢的任何企業。重點是：一家企業除非具備某種型態的護城河，否則不論歷史績效紀錄多麼優異，預測其未來能夠幫股東創造多少價值，結果實在不可靠，風險很高。觀察績效數據只是剛開始的步驟。分析者必須仔細

思考企業具備的競爭優勢，如何繼續保有（或喪失）競爭力，這才是後續的關鍵步驟。

現在，各位已經擁有所需要的工具，可以有效區別深具潛力的企業，以及那些未來發展可慮的業者。可是，對於這些值得投資的企業，如何判斷其股票價格適合買進呢？關於這個問題的答案，則是後續兩章準備討論的主題。

關鍵重點

1. 想要知道某家企業是否具備經濟護城河，首先要觀察資本報酬的歷史數據。優異的歷史數據，顯示相關企業可能具備經濟護城河，數據不理想則代表企業缺乏競爭優勢，除非業者的營運出現結構性變化。

2. 假定資本報酬歷史數據優異，則要考慮相關企業如何繼續保持類似的績效。關於未來的績效表現，如果找不到有力的根據或理由，業者可能就不具備護城河。

3. 如果能夠找到明確的護城河，應該考慮其可靠與耐久程度。有些護城河可以延續數十年，有些不太耐久。

Chapter 12
護城河的價值

造成你重傷的往往是大家眼中最棒的企業，如果你買太高。

　　如果只需要找到具備護城河的事業，投資就能確保成功，那麼賺錢應該容易許多，這本書也可以及早結束。事實上，關於未來是否能夠獲取理想的投資報酬，很大成份是取決於你購買股票所支付的價格，這也是本書「導論」第 2 步驟所說的：「**等待這些企業的股票價值低於其內含價值，然後買進。**」

　　價值評估是很有趣的程序。我曾經遇到一些相當精明的投資人，他們可以引經據典地談所買進的股票，卻無法回答一個簡單的問題：「所以，股票究竟值多少錢？」這些人為了買一輛車，可能和車商討價還價幾個小時，或開車到幾英里外的地方加油，只為了節省每加侖幾美分的錢，但買股票的時候，對於股票價值卻沒有明確概念。

我認為情況之所以如此，理由很簡單——因為股票很難評估價值，而且很不確定，甚是對於專業分析師也是如此，所以很多人寧可放棄，完全不願嘗試。關於汽油或車子的價錢，我們畢竟比較容易判斷價格是否更便宜，因為我們知道類似商品的價錢。對於一輛嶄新的 Lexus 汽車，假定某位車商要價 $40,000，而其他車商要價 $42,000，那麼你有理由相信 $ 40,000 的價格不會太貴。至於企業價值評估，我們會碰到兩方面的難題。

首先，每家企業的情況都稍有不同，因此不容易做比較。成長率、資本報酬、競爭優勢……等種種因素都會影響企業價值，因此任何兩家企業之間都很難做比較。（某些情況下，這方面的比較相當有用，本章稍後還會討論。）其次，企業價值和未來的財務表現之間存在直接關連，而後者是未知的，雖然我們可以在某種程度上做有根據的猜測。基於這些緣故，多數人會專注於那些容易取得的股票資訊（市場價格），而不是較難取得資訊（企業價值）。

這是壞消息。好消息是投資人買進股票之前，並不需要知道精確的企業價值。投資人只需要知道目前市場價格低於最可能的企業價值。聽起來似乎有些混淆，容我舉例說明。

2007 年夏天，我發現多年來一直留意的企業，其股價最近一年內下跌約一半。這家業者叫做「企業執行協會」（Corporate Executive Board）。前幾年，這家企業的銷貨與盈餘年度成長率曾經超過 30%，但基於種種理由，最近的表現明顯撞牆——銷

貨成長速度放緩，盈餘成長下降到10％上下。我做了一些研究，相信這家企業還有很大的成長空間。我也相信其競爭地位十分穩固。至於未來的成長率究竟會恢復到30％，或下降到較低水準，譬如15％呢？我當然不知道，而這兩種情況下的股票價值也截然不同。

　　既然如此，我為什麼決定買進這檔股票呢？我雖然不知道這家公司股票的精確價值，但我知道目前股價蘊含的成長率大約是10％。所以，我的工作只需要判斷，該公司的成長率是不是絕對不會超過10％。根據我的研究，我認為這種情況發生的可能性不高，所以我決定買進股票。該公司成長率如果恢復到15％以上，我的投資就會有不錯的表現，如果成長率超過20％，可能就可以揮出全壘打。反之，如果該公司的成長率下降到個位數字，我的投資就會賠錢，但我認為這種發展的可能性相當低，值得冒險。

　　這個例子裡，我藉由逆向工程手段，評估目前股票市場價格蘊含的企業成長率。我雖然不知道這家企業未來發展的狀況究竟如何，但我相信其發展應該優於目前股價所蘊含的結果。就這個例子來說，我認為合理股價應該介於＄85到＄130之間，顯然高於目前市場價格＄65。（至於我的判斷是否正確，只有留待時間考驗。）

　　成功投資的關鍵，在於估計股票的價值，而且買進價格必須顯著低於股票潛在價值；所以，投資人起碼要稍微瞭解股票

的價值。（這個原則聽起來雖然蠻單純的，但很多投資人對於所買進的股票，從來沒有嘗試瞭解其價值。）

企業價值究竟如何？

這是個簡單的問題，答案也很簡單：**股票價值等於其未來創造之現金流量的現值。**

讓我們更深入做些分析。企業所創造之價值，是來自資本投資提供的報酬。企業創造的現金，一部分必須支付營運費用，另一部分再投資於企業，剩餘部分稱為「自由現金流量」（free cash flow）。自由現金流量往往又稱為「業主盈餘」（owner earnings），因為這實際上也是如此——在不妨礙企業營運的前提之下，業主每年能夠從事業取得的現金。

不妨把自由現金流量視為房東每年底的租金淨收入。出租公寓，房東可以收取租金（銷貨收入），但他必須支付房屋貸款與維修費用（營運費用），偶爾還必須整修屋頂或窗戶（資本支出）。扣除所有這些開支的剩餘部分，則是房東可供自由運用的現金流量，這些錢可以存入銀行，或到佛羅里達度假，或投資另一棟公寓。可是，不論房東決定如何運用，這些錢都不是維持該棟公寓繼續創造租金流量所必須運用者。

繼續引用房東／出租公寓的例子。讓我們思考出租公寓的價值。成長潛能顯然有助於提升公寓價值——房東如果擁有公寓

緊鄰的一塊土地，而該土地可以興建新公寓，其價值自然會超過那些沒有這部分土地的公寓，因為前者可以創造更高的未來租金收入。租金收益的風險考量也是如此──公寓的房客如果都是上班族，租金收入的風險性，應該小於房客為大學生。

資本報酬如果能夠提高，公寓也會更有價值──如果能夠在不增加投資的情況下，創造更高的租金收入，公寓價值自然會提高。最後，不要忘了競爭優勢──如果公寓是最近才興建，而附近已經禁止興建新公寓，則該棟公寓也會更有價值，因為沒有新公寓將參與競爭。

各位可知道，你們剛學會有關企業價值評估的最重要概念：企業未來估計現金流量得以實現的可能性（風險），這些現金流量的可能金額（成長），企業持續營運需要投入多少資金（資本報酬），企業創造的超額獲利能夠持續多久（經濟護城河）。不論採用各種比率倍數或任何其他準則評估企業價值時，務必記住這四項因素，如此絕對有助於各位擬定投資決策。

投資──而不是投機

關於企業價值評估，基本上有三種工具：各種比率倍數、殖利率與內含價值。此三者都是很有用的工具，精明的投資人評估買進對象時，起碼要採用兩種或以上的工具。本書下一章會討論各種比率倍數與殖利率的方法。（內含價值程序比較複

雜，通常需要採用所謂現金流量折現的技術程序，這部分內容已經超越本書討論範圍＊。）

可是，想要瞭解股價各種比率倍數與殖利率，先討論股票報酬的驅動因素或許會有幫助。長期而言，股價漲跌只受兩個因素影響：**投資報酬與投機報酬**，前者取決於盈餘成長與股利，後者取決於各種比率倍數的變動。

投資報酬會反映企業的財務表現，投機報酬則會反映其他投資人的激情或悲觀看法。股價由 ＄10 上漲到 ＄15，可能是因為每股盈餘由 ＄1 成長到 ＄1.50，或因為每股盈餘繼續維持 ＄1，但本益比有 10 倍上升到 15 倍。若是前者的情況，股價上漲是完全受到投資報酬的驅動；至於後者，則股價是完全受惠於投機報酬。

投資人如果專心尋找具備經濟護城河的企業，可以讓潛在投資報酬最大化，因為所尋找的對象很可能創造經濟價值，提升長期盈餘。

強調價值評估程序，可以把負面投機報酬的風險最小化——這種風險是指投資表現可能因為其他投資人的看法或情緒發生變動而受到影響。畢竟沒人會知道未來 5 年或 10 年的投機報酬，

＊ 各位如果想學習如何計算內含價值，我推薦各位閱讀我寫的另一本書《股票成功投資的五項法則》（*The Five Rules for Successful Stock Investing, John Wiley & Sons, 2004*），該書更深入討論會計與價值評估程序的細節。

但對於投資報酬，我們有合理程度的把握，可以做有根據的猜測。從事謹慎的價值評估，可以有效規避市場情緒的負面衝擊。

讓我們看看實際的案例。截至 2007 年中期為止的十年期間，微軟的每股盈餘平均每年成長 16％。所以，這十年期間，該公司的投資報酬平均為 16％。可是，相同期間內，微軟股價的每年平均成長幅度只有 7％左右，這意味著投機報酬為負數，使得高達 16％的優異投資報酬受到拖累。事實上，情況正是如此──微軟 10 年前的本益比為 50 倍，現在只有 20 倍。

奧多比（Adobe）的情況剛好和微軟相反，這是生產 Photoshop、Acrobat，以及許多影像處理軟體的廠家。過去十年期間，奧多比的每股盈餘平均每年成長 13％──這屬於投資報酬。可是，相同期間內，奧多比股價平均每年成長 24％，因為十年前的股價本益比約為 17 倍，目前則是 45 倍，蘊含著相當可觀的投機報酬。

各位可以看到，這段期間裡，投資人如果購買這兩家隸屬相同產業的股票，將因為市場看法變動而產生截然不同的投資結果，雖然兩家公司的營運成長狀況大致相當。微軟投資人取得的報酬大約和整體市場相當，奧多比投資人則能取得數倍的報酬。

當然，奧多比是個極端案例，投資人絕對不該預期市場將會提供顯著的投機報酬。可是，十年前按照本益比 10 倍的價格購買奧多比股票（而不是按照 50 倍本益比購買微軟股票），投

資人更可能避免負面投資報酬的衝擊。至於奧多比投資人能夠幸運受惠於本益比上升，可以算是意外的收穫。

這說明了價值評估程序為何重要的理由。專心強調價值評估，投資人可以儘可能掌握可掌握的東西（企業的營運績效），包括未來的投資報酬在內，而且儘可能減少那些難以掌握之事物的影響（投資人的熱情或悲觀看法）。除此之外，誰不想要划算的交易呢？

關鍵重點

1. 企業價值等於其未來所能夠創造之全部現金的價值。就是如此簡單。

2. 影響企業價值的最重要四項因素為：企業所能夠創造的現金數量（成長），所創造之現金流量估計值的確定程度（風險），企業維持營運所需要從事的投資（資本報酬），以及企業得以對抗競爭者的時間長度（經濟護城河）。

3. 按照便宜價格買進好股票，可以有效緩和市場負面影響的衝擊，因為這類股票的未來投資報酬，其和企業營運表現之間存在較緊密的關連。

Chapter 13

價值評估工具

尋找便宜股票的市場操作秘笈。

　　但願我已經說服各位相信，價值評估是確保各位藉由謹慎競爭分析，而得以創造理想投資報酬的關鍵因素之一。接下來，讓我們準備討論價值評估的第一項工具：各種比率倍數。請注意，各種比率倍數是最常用的與最常被誤用的價值評估工具。

　　股價／銷貨倍數（P/S）是最常見的一種價值評估比率倍數，計算公式是目前每股價格除以每股銷貨金額。這項衡量的最大特色，是幾乎每家公司都有明確的銷貨金額數據，即使公司營運暫時出現赤字也是如此。所以，對於景氣循環業者，或營運暫時呈現虧損狀態的企業，P/S 特別有用。

　　但是，運用 P/S 比率進行價值評估，務必謹慎，因為不同事業的銷貨金額價值未必相同。對於營運毛利偏低的業者來說

（譬如零售業），其 P/S 比率通常都偏低；反之對於高獲利產業（譬如製藥業者），其 P/S 比率往往偏高。所以，千萬不要運用 P/S 比率衡量不同產業，否則投資人可能誤以為低獲利產業的股價便宜，或高獲利產業的股價昂貴。

根據我個人的看法，P/S 比率特別適用於營運利潤暫時呈現困境的企業，或營運利潤存在顯著改善空間的企業。記住，獲利能力高，意味者每 $ 1 銷貨創造的盈餘較高，因此 P/S 比率也較高。所以，你如果發現某業者的 P/S 比率與其他同業相當，但該公司可以顯著降低成本而提升獲利能力，這可能意味著其股價偏低。

事實上，關於 P/S 比率的運用方式之一，是尋找營運最近碰到減速障礙的高利潤率業者。企業過去的營運如果能夠創造高利潤，則 P/S 比率目前偏低，可能意味著股價便宜，因為多數投資人認為營運利潤偏低是永久性現象。這類企業的營運如果能夠恢復過去的獲利水準，目前股價理當便宜。這是 P/S 比率做為股價評估工具，勝過本益比之處；盈餘潛能遭到低估的企業，股價本益比（P/E 比率）會偏高（因為 E 偏低），所以投資人如果搜尋本益比偏低的股票，通常不會找到這類失寵股票。

帳面價值

股價／帳面價值（P/B 比率）是第二種常用比率。帳面價值

也就是股東權益，代表企業的所有實質投資資本──包括工廠、電腦、房地產、存貨⋯⋯等。價值評估有時候之所以強調帳面價值，是因為未來盈餘與現金流量都未必可靠，但企業實際擁有的資產，則是具體存在的，價值相對確定。

運用 P/B 比率衡量股票價值，請特別注意 B 代表的意義。對於每 $ 1 的盈餘或現金流量來說，不論出自哪家企業，其價值都相同，但帳面價值的每 $ 1，對於每家企業來說，可能都不太相同。舉例來說，對於鐵路或製造業等資本密集產業，營業收入主要都是由實質資產創造，譬如像是火車頭、工廠、存貨等。反之，對於服務業或科技業者，營業收入的主要創造者是人力、觀念、程序，這些都不包含在帳面價值內。

另外，很多經濟護城河蘊含的競爭優勢，其價值並沒有包含在帳面價值內。舉例來說，本文撰寫當時，重型機車製造商哈雷（Harley-Davidson）的 P/B 比率為 5 倍，也就是說該公司的資本市值大約是工廠、土地、存貨等淨資產總額的 5 倍。這個 P/B 比率看起來似乎偏高；可是，請注意，該公司的品牌價值並不包含在帳面價值之內，而該品牌是讓哈雷每年得以賺取 25％毛利與 40％股本報酬率的主要因素。

關於帳面價值，還有一點值得留意。帳面價值經常因為「商譽」而顯著膨脹。商譽通常是因為企業併購而產生；商譽是被併購企業有形帳面價值與實際交易價格之間的差額。所以，我們不難想像，對於缺乏實質資產的企業，商譽價值可能相當可

觀。（美國線上併購時代華納的交易，兩家企業的合併帳面價值增加＄1,300億的商譽。）可是，商譽往往只代表併購企業買進標的企業所願意額外支付的價格，所以其真正價值起碼是頗具爭議的。一般來說，帳面價值最好還是扣掉商譽；我們經常看到一些P/B比率明顯偏低而不像是真的，通常就是因為商譽灌水而造成帳面價值膨脹。

既然存在種種缺失，為何還要使用帳面價值呢？這是因為有個產業特別適合使用帳面價值，而且這個產業存在許多具備明確競爭優勢的業者：金融服務業。金融業者的資產通常具備充分的流動性（譬如銀行放款），所以其價值是相當明確的，這也意味著金融服務業的帳面價值可以相當精準反映有形資產的實際價值。可是，我們有時候會看到P/B比率明顯偏低的金融業者，這通常是因為這些業者有些壞帳需要注銷。

最常用的比率

現在，讀者想必清楚，任何評估價值的股價比率，都各有優點和缺點——最常用的本益比（P/E）也不例外。本益比之所以很有用，是因為盈餘通常可以合理代表企業創造現金流量的能力，也因為任何事業隨時都有盈餘數據和估計值可供查閱。可是，盈餘可能充滿雜訊，而且真空狀態的本益比也缺乏明確意義——14倍的本益比沒有所謂的好或壞，除非我們知道相關

企業的其他資訊，或有本益比的某種基準可供比較。

關於 P/E 比率，最麻煩的地方，是 P 的數據雖然只有一個，但 E 卻有很多可選擇對象。本益比計算採用的盈餘，可能是最近會計年度的數據，或目前會計年度的盈餘，或目前行曆年度的盈餘，或前四季的盈餘，或明年會計年度的估計盈餘。所以，究竟應該採用哪種盈餘呢？

這是個很難回答的問題。總之，凡是估計的盈餘，就必須謹慎看待。所謂的估計值，通常是指華爾街整體專業分析師所做估計的某種平均值；根據種種研究資料顯示，這類估計值對於最近營運欠佳的企業，往往都太過悲觀，而對於最近表現理想的企業，估計值經常太過樂觀。看起來相當合理的 15 倍本益比，如果盈餘較預期減少 25%，本益比可能就上升到較難以接受的 20 倍。

我建議各位分別研究相關企業表現好與表現差的情況，思考將來相較於過去將會有更好或更差的表現，然後自行估計該企業正常情況下的年度盈餘。這應該是各位評估企業價值所採用的最佳本益比，因為（1）這是各位自己的估計值，你清楚相關的根據，（2）這是按照正常情況所做的估計，而不是最佳或最差情況。

「盈餘」（E）一旦決定，本益比就很容易計算了。本益比的最常運用方式，是與某個基準做比較，譬如：同業競爭者的本益比、產業平均本益比、整體市場本益比，或者是相同企業

不同期間的本益比。這方面的運用都沒問題，前提是不要盲目，而且要隨時記得前文談到的企業價值四大決定因素：風險、成長、資本報酬與競爭優勢。

相較於同業，某公司的本益比偏低，可能代表該公司的股票價格便宜，但本益比偏低也可能其來有自，或許是因為資本報酬偏低，或成長展望欠佳，或缺乏競爭優勢。這方面的不確定性，也存在於本益比的其他比較基準，譬如：整體股市的平均本益比。

2007 年中期，整體股票市場的平均本益比大約是 18 倍，某公司的本益比如果是 20 倍，看起來價格稍嫌偏高；可是，如果這家公司（譬如說是 Avon Products）擁有寬廣的經濟護城河，資本報酬率高達 40％，或具備新興市場的強勁成長展望，那又如何呢？這種情況下，股價或許不算貴。

比較相同公司目前與過去的本益比，也同樣要謹慎。我們經常聽到投資人說，「某股票的本益比目前處於十年期的最低點，」並因此認為股價偏低而適合買進。某股票的本益比如果一向都是 30 ～ 40 倍，而目前為 20 倍，價格看起來確實偏低，前提是其他條件──包括：成長潛能、資本報酬、競爭地位等皆須保持不變。可是，這些條件如果發生變化，比較就未必有意義。過去的表現畢竟不足以保證未來績效。

少用卻更有用的比率——價格比率

最後，讓我們看看我個人最喜歡使用的價格比率，這項比率的分母不是盈餘，而是營運現金流量。此處不準備深入討論相關的會計細節，**現金流量往往能夠更精確反映企業的獲利潛能**，因為這只單純顯示企業流入與流出的現金，而盈餘則要經過各種調整。舉例來說，出版業者的現金流量通常高於盈餘，因為雜誌訂閱戶通常會預繳費用。反之，某些事業是透過分期付款方式販售產品——譬如電漿電視——其企業盈餘通常超過現金流量，因為業者是先販售產品，事後才分期取得貨款。

某些事業在實際出貨之前，客戶就已經預先繳納貨款。這類事業的現金流量通常都高於盈餘，所以由本益比角度評估，股價可能偏高，但如果由「股價／現金流量」比率觀察，股價可能相對合理。（一般來說，這類事業的資本報酬也較高。）讓我們看看前一章提到的例子「企業執行協會」（Corporate Executive Board），其每年的現金流量大約是盈餘的兩倍。

另一方面，現金流量的穩定性經常也超過盈餘；舉例來說，現金流量不會因為企業重整或資產注銷等不涉及現金之行為的影響。另外，現金流量也會透過某種方式而把資本效率考慮在內，因為企業成長比較不仰賴營運資本的業者，現金流量通常都超過盈餘。現金沒有把折舊費用考慮在內，所以資產密集業者的現金流量經常超過盈餘；這種情況下，可能高估獲利能力，

因為折舊資產遲早必須重置。

　　以上是第一類價值評估工具最常用的四種價格比率。第二類工具，是殖利率為基礎的價值衡量，這類指標的運用更方便，因為能夠與特定客觀基準做比較：債券殖利率。

殖利率衡量

　　我們如果把本益比的計算公式顛倒，把每股盈餘除以股價，結果將是盈餘殖利率。舉例來說，某股票的本益比如果是 20 倍，則盈餘本益比將是 1/20，也就是 5％；本益比如果是 15 倍，盈餘本益比是 1/15，也就是 6.7％。2007 年中期，美國 10 年期公債的殖利率大約是 4.5％；相較之下，本益比 15 倍或 20 倍的股票，似乎更具投資價值。當然，對於前述兩種股票，沒有人保證你可以得到相關的投資報酬，但美國公債收益是由聯邦政府擔保，發生違約問題的可能性不高。可是，股票雖然蘊含額外風險，但也提供某些正面效益：企業盈餘流量通常會隨著時間經過而成長，但債券的票息付款是固定的。人生的一切，總是有得有失。

　　關於盈餘殖利率，我們也可以運用類似概念而計算現金報酬率，這是計算企業清償所有債務後之自由現金流量的殖利率（換言之，年度自由現金流量除以股價的比率）。回頭考慮前文提到的出租公寓例子。現金報酬率是指年度租金收益淨額（扣

除所有維修費用與必要支出之後）除以購買該公寓之價格的比率。現金報酬顯示企業所創造的自由現金數量，相較於購買企業之整體成本（包括債務）的比率。

這項衡量較盈餘殖利率更可靠，因為這項比率考慮自由現金流量（業主盈餘），而且把債務納入企業的資本結構。想要計算現金報酬，要把自由現金流量（營運現金流量減掉資本支出）加上淨利息費用（利息費用減掉利息收入）。前述金額是這項比率的分子部分。至於分母，則是「企業價值」，也就是企業資本市值加上長期債務，減掉資產負債表上的現金。換言之，「現金報酬」等於「自由現金流量＋淨利息」除以「企業價值」。

讓我們引用柯惠醫療公司（Covidien Ltd.）做為說明案例，在泰科國際（Tyco International）分解之前，這家大型醫療業者原本是屬於泰科的一部分。2007 年，柯惠的自由現金流量為＄20億，淨利息費用為＄3億。所以，現金報酬的分子部分是＄23億。柯惠的資本市值為＄200億，長期債務大約是＄46億，資產負債表上的現金為＄7億，所以柯惠的企業價值為＄239億。柯惠的現金報酬為 23 ／ 239，也就是 9.6%。這個數據相當不錯，因為柯惠是處在營運潛能相當樂觀的醫療健保市場，現金流量通常會隨著時間經過而成長。

現在，各位已經擁有一些可供運用的價值評估工具——價格比率與殖利率——至於每種工具適合或不適合運用的時機，各位

也應該多少要有概念。讀者應該如何把這些工具整合起來，評估股票價值與價格之間的關係呢？

關於前述問題，簡單的答案是態度千萬要謹慎。至於比較詳細的答案，則是要經常練習，透過嘗試錯誤的程序，慢慢磨練，培養價格評估的技巧。以下列舉五項建議，對於多數投資人來說，我想應該有助於提升勝算。

1. **永遠要記住價值評估的四項主要決定因素：**風險、資本報酬、競爭優勢，以及成長。假定其他條件相同，風險高的股票，合理價格應該較低；反之，資本報酬愈高、競爭優勢愈可靠、營運成長潛能愈高，合理股價應該愈高。

   記住，這四項決定因素會彼此強化。具備長期成長潛能的企業，如果資本報酬偏低，不具備顯著競爭優勢，存在合理程度的風險，其價值將顯著高於另一家成長潛能類似，但資本報酬更低，競爭展望更不確定的企業。投資人如果盲目採用流行的本益比對成長比率（PEG 比率），經常會錯失關鍵要點，因為他們忘了資本報酬較高的成長，其價值超過資本報酬較低的成長。

2. **運用價格比率工具。**如果某項比率或衡量顯示某支股票很便宜，不妨繼續引用其他的比率或衡量。眾星未必會排列成一直線，但情況如果確實是如此，很可能意味著你找到價值真正低估的股票。

3. **要有耐心**。好股票的價格通常不會便宜，但如同華倫‧巴菲特說的，「投資和棒球不一樣，沒有好球數的限制。」把你希望按照適當價格擁有的好企業整理為一份清單，等待相關價格出現，然後大膽買進。你雖然不能太挑剔——想要掌握好機會，當然必須付出代價——但千萬記住一個原則：不論哪種情況下，不賺錢都絕對勝過賠錢。

4. **堅忍不拔**。適合買進股票的時機，當時的市況與環境很可能告訴你不可買進。當報紙頭條新聞充滿利多消息，投資界一片樂觀，這個時候，好股票的價格絕對不便宜；唯有當消息面非常惡劣，投資人普遍恐懼，這個時候才會有價格便宜的好股票。當大家都爭先恐後想賣股票時，你必須敢於買進——雖然很困難，但通常都能賺錢。

5. **作自己**。根據自己辛苦的研究／分析結論而做成的投資決策，勝算通過任何專家或大師的指點。為什麼？理由很簡單。你如果瞭解相關企業經濟護城河的根據所在，而且你相信該公司股票價格顯著低於合理價值，這種情況下，你更可能執行成功投資人通常必須擬定的困難決策。反之，如果你只是聽取小道消息或別人的建議，完全沒有自行做研究，勢必會經常懷疑相關建議的可靠性，很可能會因此買高而賣低。

即使是全世界最棒的企業，如果買進價格太高，也會是錯誤的投資。就拿 1999 年或 2000 年時期的可口可樂或思科系統（Cisco）為例，它們當時是最棒的企業，現在也是如此，但當時的價格實在太貴而不允許任何犯錯空間，投資人幾乎完全沒有賺錢機會。買進股票如果完全不理會價值評估，等於是全然不管標價而購買汽車。對於汽車來說，即使購買價格明顯較貴，起碼你還能享受駕駛汽車的樂趣，股票如果買得太貴，就完全沒有這方面的效益可言。購買股票時，務必要確定價值評估是可以提供助益的順風，而不是逆風。

關鍵重點

1. 價格對銷貨（P/S）比率特別適用於暫時處於虧損狀態或營運利潤異常偏低的企業。企業如果具備潛力展現顯著較佳的營運利潤，則偏低的 P/S 比率可能意味著適合買進的便宜股票。

2. 價格對帳面價值（P/B）比率特別適用於金融服務業者，因為這類企業的帳面價值能夠更精確反映事業的實際有形價值。P/B 比率如果太過偏低，務必留意帳面價值是否可靠。

3. 關於本益比（P/E）的運用，永遠要留意「盈餘」（E），因為這部分預測經常不正確。最佳的盈餘預測，是你自己做的估計：研究相關企業表現好與表現差的情況，思考將來相較於過去將會有更好或更差的表現，然後自行估計該企業正常情況下的年度盈餘。

4. 股價對於現金流量的比率，有助於評估現金流量顯著高於盈餘的企業。這項衡量最適用於預先取得現金而隨後實現銷貨的事業，但企業如果擁有需要攤銷折舊費用的大量實質資產，由於資產遲早都必須重置，這項衡量可能高估企業的獲利能力。

5. 殖利率為基礎的價值評估也很有用，因為這項衡量可以直接與證券等替代投資做比較。

Chapter 14

何時賣出

精明地賣出，創造優異報酬，這始終是最難的真理。

　　1990 年代中期，我偶然發現一家專門銷售電腦儲存設備的小型企業 EMC Corporation。我對於這支股票做了一些研究，雖然股價本益比高達 20 倍，似乎有些貴，但因為電腦儲存設備的需求旺盛，再加上 EMC 的市場地位穩固，我相信其盈餘成長應該很快速。所以，對於這支股票，我建立了相當大的部位。

　　然後，我看著這支股票在 3 年期間內，由 $ 5 上漲到 $ 100，但隨後一年又跌回 $ 5。我的投資有一小部分高價出脫，但絕大部分股票又回到原點。我的買進決策相當不錯，但賣出決策如果也同樣精明的話，整體投資績效想必好多了。

　　各位如果詢問任何專業投資人，請教他認為投資程序最困難的部分，多數人會說如何在頭部附近 (或剛好在附近)──賣

出。本章準備討論有關如何賣出的技巧，因為在正確時機、基於正確理由而賣出，其重要性不亞於買進決策。

基於正確理由賣出

下一次，當你考慮賣出股票時，請試著回答下列問題：如果有任何問題的答案不是肯定的，就不該賣出股票。

- 我是否犯錯？
- 相關企業是否發生不好的發展？
- 這筆資金是否有更好的出路？
- 這支股票所佔的投資組合部位是否變得太大？

關於賣出股票，最令人覺得痛苦的理由，可能是因為先前的買進決策根本錯誤。當初分析相關企業時，你如果疏忽了某重要事項，不論原因為何──則當初的投資論述可能就站不住腳。你可能認為管理當局可以扭轉局面，或出脫虧損部門，結果公司卻決定投入更多資金；你可能認為該公司擁有可靠的競爭優勢，結果卻發現這家公司根本禁不起競爭；或者，你高估新產品的銷售成功程度。不論發生什麼錯誤，**只要發現當初買進的理由不存在**，就不該繼續持有股票。果斷認賠，然後繼續前進。

多年前，我就曾經犯過這類的錯誤。這家公司專門生產商業用電影放映機，市佔率相當高，過去的營運績效也相當不錯，

而且美國各地正興起多螢幕電影院的風潮。不幸地，我的成長預期太過樂觀，因為多廳戲院熱潮迅速冷卻。戲院經營者開始發生財務麻煩，他們最迫切需要處理的問題是如何支付費用、清償債務，而不是擴充經營規模。當我發現自己判斷錯誤時，投資稍有虧損，但我還是決定認賠。還好我決定這麼做，因為這支股票不久之後就成為水餃股。

我應該特別強調，這種事情說起來容易，實際做起來卻不簡單，因為我們會執著於自己當初買進股票的價格，而且我們痛恨發生虧損。（事實上，很多心理學研究都顯示，相較於賺錢的快樂程度，發生虧損的痛苦感受會有兩倍的心理反應。）這個事實會讓我們專注於不相干資訊：當初買進股票的價格。這對於企業未來發展前景毫無影響，更不是有關係的資訊，譬如我們當初對於公司營運展望判斷錯誤。

有個技巧可以減少這方面的執著：每當買進股票時，在一張紙條寫下你之所以決定買進的理由，以及你對於該企業營運狀況的概略預期。所謂的預期，不是每季盈餘預測，而只是概略的預期：你認為銷貨會穩定或加速成長？營運毛利會上升或下降？稍後，如果公司的表現朝負面發展，請你拿出前述紙條，看看當初決定買進股票的理由是否還成立。如果仍然成立，你可以繼續持有，甚至多買一些。可是，如果當初決定買進的理由已經不成立，最明智的做法，應該是立刻賣掉股票──不論這些投資是否發生虧損。

決定賣出股票的第二個理由，是相關企業的經濟基本面顯著惡化，而且看起來不可能復甦。對於長期投資人來說，這是最可能碰到的賣出理由之一：即使是最頂尖的事業，經過多年的成功之後，也可能撞牆。當初決定買進股票時，你對於該公司的判斷可能都正確，包括營運展望、價值評估、競爭優勢等，你的股票投資可能也賺了不少錢——可是，就如同經濟學家凱恩斯（John Maynard Keynes）所說：「當事實發生變化，我也會改變心意。」

　　此處準備引用「晨星」曾經追蹤的企業做為例子。蓋帝圖像（Getty Images）是一家專門經營數位影像圖庫的業者，方便廣告業者與大型影像消費者使用數位影像。蓋帝公司實際上是經營一個規模最大的影像市場，攝影師很容易把影像上傳到資料庫，而使用者也很容易下載影像。有一陣子，這是個相當不錯的行業，成長快速，資本報酬很高，營運槓桿很可觀。

　　結果發生了什麼事？原本讓該公司得以成功的數位影像科技，也導致該公司隨後的失敗。隨著數位影像科技的進步與普及化，很多廉價照相機也可以產生高畫質數位影像。於是，網路上出現許多販售數位影像的網站，雖然影像畫質或許不能與蓋帝相提並論，但價格顯著較便宜（幾塊錢相較於幾百塊），而且畫質已經可以滿足許多使用者。另外，網路上使用的影像，畫質沒有必要太高，這和印刷媒體的情況不同；所以，蓋帝營運的經濟層面和成長潛能顯著逆轉。

賣出股票的第三個理由，是因為資金有更好的用途。身為資本有限的投資人，你當然希望自己的投資能夠賺取最高的期望報酬。所以，出脫獲利潛能普通的股票，把資金轉移到獲利潛能顯著更高的另一項投資，這是絕對合理而明智的決定。當然，這還需要考慮稅金的問題，如果是透過課稅帳戶進行投資，獲利潛能必須要存在顯著差異，才值得換股操作。我並不建議投資組合經常換股操作，如果獲利潛能只有20％和30％的差異，通常就不值得考慮，但替代投資機會如果真的很好，可能就值得賣掉股票，藉以籌措資金。

　　舉例來說，2007年夏末因為爆發信用危機而股票市場大跌，金融服務類股幾乎處於崩盤狀態。某些股票確實應該如此，但華爾街玩家傾倒洗澡水時，經常連同嬰兒也一起扔了，很多股票因此出現幾近於荒唐的價位。一般情況下，我的個人投資帳戶都會保留 5 ～ 10％的現金以防範不時之需——你永遠不知道市場什麼時候會患了失心瘋，但基於種種理由，我當時並沒有現金可供運用。於是，我開始比較投資組合既有持股與某些金融服務股票之間的獲利潛能。最後，我決定賣掉某個建立不久而獲利潛能相對有限的部位，運用這些資金買進某家股價低於帳面價值的銀行股，而且這家銀行已經同意按照高價被收購——非常值得的換股操作。

　　記住，現金有時候可能是資金的較佳去處。如果股票價格遠超過你認定的合理價值，往後的期望報酬甚至是負數，這種

情況下，即使你當時找不到更好的投資對象，也應該賣掉股票，持有現金。現金雖然只能提供微不足道的利息，但起碼也勝過負數報酬──換言之，假定持股價格已經超越最樂觀的預期。

　　賣出股票的最後一個理由，可能也是投資人最樂於見到的理由。既有投資非常成功，市場價值顯著成長，使得該部位佔整體投資組合的比例過大，因此需要調整部位規模，降低相關風險。這方面決策涉及顯著的主觀成份，因為有些人願意接受相當集中的投資組合（舉例來說，2007 年初，我的整個投資組合只持有 2 支股票），但多數投資人希望任何單一股票部位的規模都不要超過整體投資組合的 5%左右。

　　這理由完全取決於投資者個人的主觀感受，如果你可以接受單支股票佔整體投資組合的比率高達 10%，即使該股票處於價值低估狀態也是如此，那就應該聽從自己的決定而調整部位。這畢竟是你個人持有的投資組合，股票部位規模必須符合自己的需要。

　　最後，我希望請讀者特別注意一點。前述有關賣出股票的四個理由，完全都沒有涉及股票價格。我們強調的，是足以影響公司價值的已經或可能發生狀況。只因為股票價格下跌而賣出股票，這是完全沒道理的，除非公司價值也跟著下降。反之，只因為股票價格大漲而賣出股票，也同樣沒道理，除非企業價值沒有出現類似的增加。

　　有關何時應該賣出股票的決策，我們經常會想參考股票的

過去表現。可是，請記住，我們是否應該繼續持有股票，應該考慮企業未來的預期績效，而不是股票過去的價格表現。價格曾經大漲的股票，沒有理由一定要下跌；同理，價格曾經大跌的股票，也沒有理由一定會上漲。假定你持有的某支股票，價格下跌了20％，而且企業營運狀況惡化而沒有好轉的跡象；這種情況下，你最好應該認賠。總之，投資人永遠應該留意企業的未來績效，而不是股票過去的表現。

關鍵重點

1. 如果當初對於股票的分析發生錯誤，或當初決定買進股票的理由已經不復存在，賣出股票可能是最佳決策。

2. 優質企業的營運狀況如果永遠都不會走下坡，那就太好了，但實際情況很少是如此。企業營運的基本面如果發生根本而非暫時的惡化，投資人就應該考慮賣出股票。

3. 頂尖投資人永遠會幫自己的資金尋找最佳出路。出脫績效表現有限的既有部位，藉以籌措資金，投資非常便宜的股票，這絕對屬於精明的策略。同理，對於價值明顯高估的股票，即使沒有適當的替代投資對象，也應該考慮賣出股票，持有現金。

4. 既有股票部位佔整體投資組合的比率如果太大，應該考慮做調整，至於具體做法，則取決於個人的風險容忍程度。

結論

報表之外，成為高明的投資人。

我喜歡股票市場。

我不喜歡有關就業報告和聯準會集會的各種報導，還有企業公佈每季盈餘數據的相關討論或新聞報導。這些大多屬於雜訊，對於個別企業長期價值的影響不大。關於這些雜訊，我基本上不理會，各位也應該如此。

真正能夠吸引我的，是觀察數以千計上市公司如何想辦法解決一個相同問題：如何比競爭者賺更多的錢？企業可以透過多種方法建構自己的競爭優勢；觀察這些業者的營運如何脫穎而出，實在是很有趣的智慧挑戰。

這類活動當然也能帶來財務上的收穫，前提是你必須耐心等待優質企業的交易價格低於其內含價值，然後做投資。關鍵

是你必須讓投資組合的持股幫你創造投資報酬。具有明確競爭優勢的企業，通常都能創造 20％以上的資本報酬，這種水準的績效，是很多基金經理人沒辦法長期保持的 *。各位如果有機會成為這類優質企業的股東──尤其是按照合理價值的 80％買進股票──就有長期累積財富的潛能。

關於投資，有件事是很多人不瞭解的：投資不僅僅是數字遊戲。想要看懂財務報表，確實需要一些基本的會計知識，但我認識一些相當精明的會計師，他們對於如何分析企業、挑選股票並不十分在行。瞭解企業如何創造現金流量，以及這些程序如何顯示在財務報表上，這方面知識雖然是必要的，但絕不是投資成功的充分條件。

想要成為真正優秀的投資人，你需要廣泛地閱讀。主要的商業刊物──《華爾街日報》、《財富雜誌》與《巴隆雜誌》──這些都是起碼的讀物，這些有助於你擴充企業資料庫。你所熟悉的企業愈多，就愈容易做比較，尋找相關的型態，察覺競爭優勢強化或轉弱的徵兆。我強烈主張，閱讀有關企業的報導，對於投資程序的助益，絕對勝過分析短線行情發展、總體經濟趨勢，乃至於利率走勢預測。一家企業的年度報告，勝過聯準會主席的 10 篇演講。

---

* 截至 2007 年中期，「晨星」資料庫涵蓋的 5,550 家非類股基金之中，只有 24 家能過在過去 15 年內，創造 15％以上的年度化報酬──相當不簡單。

最後，我們看到有些專門討論人們如何擬定投資決策的書籍，解釋這類程序經常隱藏的偏見。請參考 Gary Belsky 與 Thomas Gilovich 合著的《精明的人為何會發生重大錯誤──如何糾正》（*Why Smart People Make Big Money Mistakes──and How to Correct Them, Simon & Schuster, 1999*），以及 Phil Rosenzweig 的《光環效應》（*The Halo Effect, Simon & Schuster, 2007*），還有 Jason Zweig 的《投資進化論：揭開"投腦"不理性的真相》（*Your Money and Your Brain, Simon & Schuster, 2007*）（預定 2016 年上市，寰宇出版），這些書籍有助於各位反省自身決策程序可能發生的各種錯誤，協助各位擬定更精明的投資決策。

但願本書倡導的概念也具備相同功能。

寰宇圖書分類

技　術　分　析

分類號	書名	書號	定價	分類號	書名	書號	定價
1	波浪理論與動量分析	F003	320	41	技術分析首部曲	F257	420
2	股票 K 線戰法	F058	600	42	股票短線 OX 戰術 (第 3 版)	F261	480
3	市場互動技術分析	F060	500	43	統計套利	F263	480
4	陰線陽線	F061	600	44	探金實戰・波浪理論 (系列 1)	F266	400
5	股票成交當量分析	F070	300	45	主控技術分析使用手冊	F271	500
6	動能指標	F091	450	46	費波納奇法則	F273	400
7	技術分析 & 選擇權策略	F097	380	47	點睛技術分析一心法篇	F283	500
8	史瓦格期貨技術分析 (上)	F105	580	48	J 線正字圖・線圖大革命	F291	450
9	史瓦格期貨技術分析 (下)	F106	400	49	強力陰陽線 (完整版)	F300	650
10	市場韻律與時效分析	F119	480	50	買進訊號	F305	380
11	完全技術分析手冊	F137	460	51	賣出訊號	F306	380
12	金融市場技術分析 (上)	F155	420	52	K 線理論	F310	480
13	金融市場技術分析 (下)	F156	420	53	機械化交易新解：技術指標進化論	F313	480
14	網路當沖交易	F160	300	54	趨勢交易	F323	420
15	股價型態總覽 (上)	F162	500	55	艾略特波浪理論新創見	F332	420
16	股價型態總覽 (下)	F163	500	56	量價關係操作要訣	F333	550
17	包寧傑帶狀操作法	F179	330	57	精準獲利 K 線戰技 (第二版)	F334	550
18	陰陽線詳解	F187	280	58	短線投機養成教育	F337	550
19	技術分析選股絕活	F188	240	59	XQ 洩天機	F342	450
20	主控戰略 K 線	F190	350	60	當沖交易大全 (第二版)	F343	400
21	主控戰略開盤法	F194	380	61	擊敗控盤者	F348	420
22	狙擊手操作法	F199	380	62	圖解 B-Band 指標	F351	480
23	反向操作致富術	F204	260	63	多空操作秘笈	F353	460
24	掌握台股大趨勢	F206	300	64	主控戰略型態學	F361	480
25	主控戰略移動平均線	F207	350	65	買在起漲點	F362	450
26	主控戰略成交量	F213	450	66	賣在起跌點	F363	450
27	盤勢判讀的技巧	F215	450	67	酒田戰法—圖解 80 招台股實證	F366	380
28	巨波投資法	F216	480	68	跨市交易思維—墨菲市場互動分析新論	F367	550
29	20 招成功交易策略	F218	360	69	漲不停的力量—黃綠紅海撈操作法	F368	480
30	主控戰略即時盤態	F221	420	70	股市放空獲利術—歐尼爾教賺全圖解	F369	380
31	技術分析・靈活一點	F224	280	71	賣出的藝術—賣出時機與放空技巧	F373	600
32	多空對沖交易策略	F225	450	72	新操作生涯不是夢	F375	600
33	線形玄機	F227	360	73	新操作生涯不是夢—學習指南	F376	280
34	墨菲論市場互動分析	F229	460	74	亞當理論	F377	250
35	主控戰略波浪理論	F233	360	75	趨向指標操作要訣	F379	360
36	股價趨勢技術分析—典藏版 (上)	F243	600	76	甘氏理論 (第二版) 型態 - 價格 - 時間	F383	500
37	股價趨勢技術分析—典藏版 (下)	F244	600	77	雙動能投資—高報酬低風險策略	F387	360
38	量價進化論	F254	350	78	科斯托蘭尼金蛋圖	F390	320
39	讓證據說話的技術分析 (上)	F255	350	79	與趨勢共舞	F394	600
40	讓證據說話的技術分析 (下)	F256	350	80	技術分析精論第五版 (上)	F395	560

寰宇圖書分類

技　術　分　析

分類號	書名	書號	定價	分類號	書名	書號	定價
1	波浪理論與動量分析	F003	320	41	技術分析首部曲	F257	420
2	股票 K 線戰法	F058	600	42	股票短線 OX 戰術 (第 3 版)	F261	480
3	市場互動技術分析	F060	500	43	統計套利	F263	480
4	陰線陽線	F061	600	44	探金實戰・波浪理論 (系列 1)	F266	400
5	股票成交當量分析	F070	300	45	主控技術分析使用手冊	F271	500
6	動能指標	F091	450	46	費波納奇法則	F273	400
7	技術分析 & 選擇權策略	F097	380	47	點睛技術分析一心法篇	F283	500
8	史瓦格期貨技術分析 (上)	F105	580	48	J 線正字圖・線圖大革命	F291	450
9	史瓦格期貨技術分析 (下)	F106	400	49	強力陰陽線 (完整版)	F300	650
10	市場韻律與時效分析	F119	480	50	買進訊號	F305	380
11	完全技術分析手冊	F137	460	51	賣出訊號	F306	380
12	金融市場技術分析 (上)	F155	420	52	K 線理論	F310	480
13	金融市場技術分析 (下)	F156	420	53	機械化交易新解：技術指標進化論	F313	480
14	網路當沖交易	F160	300	54	趨勢交易	F323	420
15	股價型態總覽 (上)	F162	500	55	艾略特波浪理論新創見	F332	420
16	股價型態總覽 (下)	F163	500	56	量價關係操作要訣	F333	550
17	包寧傑帶狀操作法	F179	330	57	精準獲利 K 線戰技 (第二版)	F334	550
18	陰陽線詳解	F187	280	58	短線投機養成教育	F337	550
19	技術分析選股絕活	F188	240	59	XQ 洩天機	F342	450
20	主控戰略 K 線	F190	350	60	當沖交易大全 (第二版)	F343	400
21	主控戰略開盤法	F194	380	61	擊敗控盤者	F348	420
22	狙擊手操作法	F199	380	62	圖解 B-Band 指標	F351	480
23	反向操作致富術	F204	260	63	多空操作秘笈	F353	460
24	掌握台股大趨勢	F206	300	64	主控戰略型態學	F361	480
25	主控戰略移動平均線	F207	350	65	買在起漲點	F362	450
26	主控戰略成交量	F213	450	66	賣在起跌點	F363	450
27	盤勢判讀的技巧	F215	450	67	酒田戰法—圖解 80 招台股實證	F366	380
28	巨波投資法	F216	480	68	跨市交易思維—墨菲市場互動分析新論	F367	550
29	20 招成功交易策略	F218	360	69	漲不停的力量—黃綠紅海撈操作法	F368	480
30	主控戰略即時盤態	F221	420	70	股市放空獲利術—歐尼爾教賺全圖解	F369	380
31	技術分析・靈活一點	F224	280	71	賣出的藝術—賣出時機與放空技巧	F373	600
32	多空對沖交易策略	F225	450	72	新操作生涯不是夢	F375	600
33	線形玄機	F227	360	73	新操作生涯不是夢—學習指南	F376	280
34	墨菲論市場互動分析	F229	460	74	亞當理論	F377	250
35	主控戰略波浪理論	F233	360	75	趨向指標操作要訣	F379	360
36	股價趨勢技術分析—典藏版 (上)	F243	600	76	甘氏理論 (第二版) 型態 - 價格 - 時間	F383	500
37	股價趨勢技術分析—典藏版 (下)	F244	600	77	雙動能投資—高報酬低風險策略	F387	360
38	量價進化論	F254	350	78	科斯托蘭尼金蛋圖	F390	320
39	讓證據說話的技術分析 (上)	F255	350	79	與趨勢共舞	F394	600
40	讓證據說話的技術分析 (下)	F256	350	80	技術分析精論第五版 (上)	F395	560

技 術 分 析 (續)

分類號	書名	書號	定價	分類號	書名	書號	定價
81	技術分析精論第五版 (下)	F396	500				
82	不說謊的價量	F416	420				
83	K線理論2	F417	380				

智 慧 投 資

分類號	書名	書號	定價	分類號	書名	書號	定價
1	股市大亨	F013	280	33	兩岸股市大探索 (下)	F302	350
2	新股市大亨	F014	280	34	專業投機原理 I	F303	480
3	新金融怪傑 (上)	F022	280	35	專業投機原理 II	F304	400
4	新金融怪傑 (下)	F023	280	36	探金實戰・李佛摩手稿解密 (系列3)	F308	480
5	金融煉金術	F032	600	37	證券分析第六增訂版 (上冊)	F316	700
6	智慧型股票投資人	F046	500	38	證券分析第六增訂版 (下冊)	F317	700
7	瘋狂、恐慌與崩盤	F056	450	39	探金實戰・李佛摩資金情緒管理 (系列4)	F319	350
8	股票作手回憶錄 (經典版)	F062	380	40	探金實戰・李佛摩18堂課 (系列5)	F325	250
9	超級強勢股	F076	420	41	交易贏家的21週全紀錄	F330	460
10	約翰・聶夫談投資	F144	400	42	量子盤感	F339	480
11	與操盤贏家共舞	F174	300	43	探金實戰・作手談股市內幕 (系列6)	F345	380
12	掌握股票群眾心理	F184	350	44	柏格頭投資指南	F346	500
13	掌握巴菲特選股絕技	F189	390	45	股票作手回憶錄 - 註解版 (上冊)	F349	600
14	高勝算操盤 (上)	F196	320	46	股票作手回憶錄 - 註解版 (下冊)	F350	600
15	高勝算操盤 (下)	F197	270	47	探金實戰 ・作手從錯中學習	F354	380
16	透視避險基金	F209	440	48	趨勢誡律	F355	420
17	倪德厚夫的投機術 (上)	F239	300	49	投資悍客	F356	400
18	倪德厚夫的投機術 (下)	F240	300	50	王力群談股市心理學	F358	420
19	圖風勢—股票交易心法	F242	300	51	新世紀金融怪傑 (上冊)	F359	450
20	從躺椅上操作：交易心理學	F247	550	52	新世紀金融怪傑 (下冊)	F360	450
21	華爾街傳奇：我的生存之道	F248	280	53	金融怪傑 (全新修訂版)(上冊)	F371	350
22	金融投資理論史	F252	600	54	金融怪傑 (全新修訂版)(下冊)	F372	350
23	華爾街一九〇一	F264	300	55	股票作手回憶錄 (完整版)	F374	650
24	費雪・布萊克回憶錄	F265	480	56	超越大盤的獲利公式	F380	300
25	歐尼爾投資的24堂課	F268	300	57	智慧型股票投資人 (全新增訂版)	F389	800
26	探金實戰・李佛摩投機技巧 (系列2)	F274	320	58	非常潛力股 (經典新譯版)	F393	420
27	金融風暴求勝術	F278	400	59	股海奇兵之散戶語錄	F398	380
28	交易・創造自己的聖盃 (第二版)	F282	600	60	投資進化論：揭開 "投腦" 不理性的真相	F400	500
29	索羅斯傳奇	F290	450	61	擊敗群眾的逆向思維	F401	450
30	華爾街怪傑巴魯克傳	F292	500	62	投資檢查表：基金經理人的選股秘訣	F407	580
31	交易者的101堂心理訓練課	F294	500	63	魔球投資學 (全新增訂版)	F408	500
32	兩岸股市大探索 (上)	F301	450	64	操盤快思 X 投資慢想	F409	420

智 慧 投 資（續）

分類號	書名	書號	定價	分類號	書名	書號	定價
65	文化衝突：投資，還是投機？	F410	550	68	客戶的遊艇在哪裡？	F414	350
66	非理性繁榮：股市。瘋狂。警世預言家	F411	600				
67	巴菲特＆索羅斯之致勝投資習慣	F413	500				

共 同 基 金

分類號	書名	書號	定價	分類號	書名	書號	定價
1	柏格談共同基金	F178	420	4	理財贏家 16 問	F318	280
2	基金趨勢戰略	F272	300	5	共同基金必勝法則 - 十年典藏版 (上)	F326	420
3	定期定值投資策略	F279	350	6	共同基金必勝法則 - 十年典藏版 (下)	F327	380

投 資 策 略

分類號	書名	書號	定價	分類號	書名	書號	定價
1	經濟指標圖解	F025	300	26	混沌操作法新解	F270	400
2	史瓦格期貨基本分析 (上)	F103	480	27	在家投資致富術	F289	420
3	史瓦格期貨基本分析 (下)	F104	480	28	看經濟大環境決定投資	F293	380
4	操作心經：全球頂尖交易員提供的操作建議	F139	360	29	高勝算交易策略	F296	450
5	攻守四大戰技	F140	360	30	散戶升級的必修課	F297	400
6	股票期貨操盤技巧指南	F167	250	31	他們如何超越歐尼爾	F329	500
7	金融特殊投資策略	F177	500	32	交易，趨勢雲	F335	380
8	回歸基本面	F180	450	33	沒人教你的基本面投資術	F338	420
9	華爾街財神	F181	370	34	隨波逐流～台灣 50 平衡比例投資法	F341	380
10	股票成交量操作戰術	F182	420	35	李佛摩操盤術詳解	F344	400
11	股票長短線致富術	F183	350	36	用賭場思維交易就對了	F347	460
12	交易，簡單最好！	F192	320	37	企業評價與選股秘訣	F352	520
13	股價走勢圖精論	F198	250	38	超級績效—金融怪傑交易之道	F370	450
14	價值投資五大關鍵	F200	360	39	你也可以成為股市天才	F378	350
15	計量技術操盤策略 (上)	F201	300	40	順勢操作—多元管理的期貨交易策略	F382	550
16	計量技術操盤策略 (下)	F202	270	41	陷阱分析法	F384	480
17	震盪盤操作策略	F205	490	42	全面交易—掌握當沖與波段獲利	F386	650
18	透視避險基金	F209	440	43	資產配置投資策略 (全新增訂版)	F391	500
19	看準市場脈動投機術	F211	420	44	波克夏教你的價值投資術	F392	480
20	巨波投資法	F216	480	45	股市獲利倍增術 (第五版)	F397	450
21	股海奇兵	F219	350	46	護城河投資優勢：巴菲特獲利的唯一法則	F399	320
22	混沌操作法 II	F220	450	47	賺贏大盤的動能投資法	F402	450
23	傑西・李佛摩股市操盤術 (完整版)	F235	380	48	下重注的本事	F403	350
24	智慧型資產配置	F250	350	49	趨勢交易正典 (全新增訂版)	F405	600
25	SRI 社會責任投資	F251	450	50	股市真規則	F412	580

程　式　交　易

分類號	書名	書號	定價	分類號	書名	書號	定價
1	高勝算操盤 (上)	F196	320	9	交易策略評估與最佳化 (第二版)	F299	500
2	高勝算操盤 (下)	F197	270	10	全民貨幣戰爭首部曲	F307	450
3	狙擊手操作法	F199	380	11	HSP 計量操盤策略	F309	400
4	計量技術操盤策略 (上)	F201	300	12	MultiCharts 快易通	F312	280
5	計量技術操盤策略 (下)	F202	270	13	計量交易	F322	380
6	《交易大師》操盤密碼	F208	380	14	策略大師談程式密碼	F336	450
7	TS 程式交易全攻略	F275	430	15	分析師關鍵報告 2—張林忠教你程式交易	F364	580
8	PowerLanguage 程式交易語法大全	F298	480	16	三週學會程式交易	F415	550

期　　　貨

分類號	書名	書號	定價	分類號	書名	書號	定價
1	高績效期貨操作	F141	580	5	雷達導航期股技術 (期貨篇)	F267	420
2	征服日經 225 期貨及選擇權	F230	450	6	期指格鬥法	F295	350
3	期貨賽局 (上)	F231	460	7	分析師關鍵報告 (期貨交易篇)	F328	450
4	期貨賽局 (下)	F232	520	8	期貨交易策略	F381	360

選　　擇　　權

分類號	書名	書號	定價	分類號	書名	書號	定價
1	技術分析 & 選擇權策略	F097	380	7	選擇權安心賺	F340	420
2	交易，選擇權	F210	480	8	選擇權 36 計	F357	360
3	選擇權策略王	F217	330	9	技術指標帶你進入選擇權交易	F385	500
4	征服日經 225 期貨及選擇權	F230	450	10	台指選擇權攻略手冊	F404	380
5	活用數學・交易選擇權	F246	600	11	選擇權價格波動率與訂價理論	F406	1080
6	選擇權賣方交易總覽 (第二版)	F320	480				

債　券　貨　幣

分類號	書名	書號	定價	分類號	書名	書號	定價
1	賺遍全球：貨幣投資全攻略	F260	300	3	外匯套利 I	F311	450
2	外匯交易精論	F281	300	4	外匯套利 II	F388	580

財　務　教　育

分類號	書名	書號	定價	分類號	書名	書號	定價
1	點時成金	F237	260	5	貴族・騙子・華爾街	F287	250
2	蘇黎士投機定律	F280	250	6	就是要好運	F288	350
3	投資心理學 (漫畫版)	F284	200	7	財報編製與財報分析	F331	320
4	歐丹尼成長型股票投資課 (漫畫版)	F285	200	8	交易駭客任務	F365	600

財　務　工　程

分類號	書名	書號	定價	分類號	書名	書號	定價
1	固定收益商品	F226	850	3	可轉換套利交易策略	F238	520
2	信用衍生性 & 結構性商品	F234	520	4	我如何成為華爾街計量金融家	F259	500

護城河投資優勢：巴菲特獲利的唯一法則 / 派特・多爾西 (Pat Dorsey)
作；黃嘉斌譯 . -- 初版 . -- 臺北市：寰宇 , 2016.11
184 面；14.8 x 21 公分 . —（寰宇投資策略；399）
譯自：The little book that builds wealth : the knockout formula for
finding great investments

ISBN 978-986-93275-4-1(平裝)

1. 股票投資 2. 理財
563.53   105020714

寰宇投資策略 399

護城河投資優勢：巴菲特獲利的唯一法則

The Little Book that Builds Wealth: The Knockout Formula for Finding Great
Investments/Pat Dorsey
Published by John Wiley & Sons, Inc., Hoboken, New Jersey.
No part of this publication may be reproduced in any form or by any means, without
the prior written permission of the publisher.
Copyright © 2008 by Morningstar, Inc. All rights reserved.

作 者	Pat Dorsey
譯 者	黃嘉斌
編 輯	江大衛
校 稿	王誼馨
美術設計	富春全球股份有限公司
封面設計	高偉哲

發 行 人	江聰亮
出 版 者	寰宇出版股份有限公司
	臺北市仁愛路四段 109 號 13 樓
	TEL: (02) 2721-8138 FAX: (02) 2711-3270
	E-mail:service@ipci.com.tw
	http://www.ipci.com.tw
	劃撥帳號 1146743-9
登 記 證	局版台省字第 3917 號
定 價	320 元
出 版	2016 年 11 月初版一刷
	2017 年 11 月初版四刷

ISBN 978-986-93275-4-1(平裝)